学习障碍与注意欠缺多动性障碍

日本LD学会会长
原东京学艺大学副校长
【日】上野一彦 著

达庆红 译

代序
每一棵草都会开花

黄树生

生命是多么开心的一件事!

在大自然中,每一天都呈现鲜活的新世界,花儿们灿烂地开着,草儿们安静地绿着,一片祥和,无限生机。

芸芸众生,其实都如小草似的,每个人都会活出属于自己的美丽!这样的善心,是这个世界不败的花朵。生命在,她的芳香就在,或许不浓烈,却一点一点沁人心脾。

这是我多年前阅读丁立梅所著《每一棵草都会开花》的感悟笔记。

养育天使一样可爱的宝宝,是每一个家庭的美好愿望。事实上,每个孩子都是父母的天使,然而每个天使都是不一样的。有的孩子聪慧伶俐,也有极少数孩子如迟开的花朵。罹患学习障碍(Learning Disorder, LD)和多动症(Attention Deficit Hyperactivity Disorder, ADHD)的孩子就属于后者。

1963年,美国教育心理学家科克(S. Kirk)提出学习障碍

学习障碍与注意欠缺多动性障碍
LD 与 ADHD

(LD)概念,迄今有上百种界定。世界卫生组织(WHO)定义学习障碍,指从发育的早期阶段起,儿童获得学习技能的正常方式受损。这种损害不是单纯缺乏学习机会的结果,不是智力发展迟缓的结果,也不是后天的脑外伤或疾病的结果。这种障碍来源于认识处理过程的异常,由一组障碍所构成,表现为在阅读、拼写、计算和运动功能方面有特殊和明显的损害。

多动症是注意欠缺多动性障碍(ADHD)的一种汉译略语,是儿童期常见的一类心理障碍,其病因和发病机制不清,目前认为是多种因素相互作用所致,平均遗传度约为76%。表现为与年龄和发育水平不相称的注意力不集中和注意时间短暂、活动过度和冲动,常伴有学习困难、品行障碍和适应不良。国内外调查发现患病率为3%～7%,明显影响患者学业、身心健康以及成年后的家庭生活和社交能力。

关于学习障碍和多动症的学术研究和临床实践,日本人起步可能略晚于美国人,然而别有个性,也可以说更富有人道主义关怀。他们从21世纪"特别支援教育"的理念出发,提出教师应从教育服务供应侧转移到服务接受者一方,并且使用"LD"这两个英文字母,与英语"爱与梦想"(Love & Dream)的首字母相同,替代"学习障碍儿童"这一个疑似歧视性的称谓,努力避免对患者造成心理伤害[1];同时,希望务实有效的"特别支援教育"可以带给这些孩子们有感的"爱"(Love)与可憧憬的"梦想"(Dream)。

实施全纳教育,务必要关爱每一个学习障碍或多动症儿童,

代序 每一棵草都会开花

"像对待一朵玫瑰花上颤动欲坠的露珠一样,用温柔细致的教育手段,小心翼翼地呵护学生幼小的心灵"[2]。我之所以接触学习障碍和多动症儿童,缘于我从事教育科学研究的工作范畴,之前只是读过日本学者辰野千寿(1986)的学习心理学,认知不同国家和国际机构关于学习障碍和多动症的定义,谈不上有什么深入研究。我更多的是引导特殊教育学校开展课题项目研究,关注学习障碍和多动症儿童早期干预,用爱浇灌,等待每一朵迟开的花儿。

比较而言,日本学者从生理学和学习论视阈分析学习障碍和多动症,研究结论日趋接近儿童智力发展和学习的本质。日本LD学会会长上野一彦以积极的"LD"替代中性的"学习障碍",更是教育人性的胜利;三十多年前,辰野千寿以"学习障碍"对抗负面的"学习障害",也是科学研究的完善。

根据文献研究和临床观察,笔者认为,学习障碍和多动症是由于中枢神经系统某些功能性轻微障碍所造成的,儿童总体的智力发育并不迟缓,属正常范围。这与学业不佳儿童、学业迟缓儿童和不善智慧学习儿童是不同的。学习障碍和多动症儿童表现在听、说、读、写、计算或是推理能力等特定的学习和使用方面显示出各种各样显著困难的状态,出现注意范围狭小、持久性短、活动水平异常高、容易冲动、反应过敏、心神不定等问题。必须指出,视觉障碍、听觉障碍、智力障碍、情绪障碍以及环境的因素等并不是产生学习障碍的直接原因。

去年早春,我有幸获赠上野一彦的一本世纪新作《学习障碍与注意欠缺多动性障碍(LD与ADHD)》,日文原版书。上野先生为日本文部科学省"有关特别支援教育理想状态的调查研究"等合作者会议委员,兼任东京都"身心障碍教育改善研讨委员会"委员长,是当今学习障碍和多动症特殊教育领域研究的一流学者。1990年,他发起成立"全日本LD家长会";1992年,倡议设立"日本LD学会",并自任会长。他出版了《教室里的学习障碍》、《有LD的孩子们》等专著,编著有《给班主任的LD指导问答》、《LD教育》等教科书。

上野先生平易近人,科研学术一如其处世风格,著述表达准确,浅显易懂,语汇谨慎,充分尊重和保护障碍儿童及其监护人的感受。《学习障碍与注意欠缺多动性障碍(LD与ADHD)》反映了学习障碍和多动症研究的最新成果,本书共七章,研究有深度,视野有广度,从生物学、教育心理学、障碍儿童教育、脑科学和医学诸方面,科学论述学习障碍和多动症的定义、研究发展历史、症状与诊断以及教育治疗方案,介绍了菲律宾英才教育班在课时计划中排入特别支援学习的成功实验案例。

作者运用富有表现力的文字,将人的大脑比喻成抽屉,犹如储存知识的"整理箱",介绍了学习障碍和多动症的典型表征和理解要点,指导教师和家长与孩子亲和交往,告知孩子本人实施行为修正计划的时机和方法;鼓励他们学会选择,树立自我适切的努力目标,培养自立和自信,不怕失败,无畏地面对和参与社会竞争。

有趣的是,上野先生从电影观赏和小说阅读的细微情节出发,形象地界定与学习障碍和多动症相近的高功能自闭症、智力障碍等其他症状。分析不同性别儿童左右脑结构的差异,探究男女生学习障碍和多动症产生的原因和治疗药物。

他山之石,可以攻玉。《学习障碍与注意欠缺多动性障碍(LD与ADHD)》有着不菲的价值取向。日本的"特别支援教育"项目研究的进展及其实践成果,值得中国特殊需要教育学习和借鉴,如学习障碍和多动症检测工具,从康复训练技术到普通班级学习指导的演进,设立万能咨询窗口,特别支援教育师资培训模式等。

教育是一种信仰,是一种服务。丹麦学者索伦·A. 克尔凯戈尔(Soren Aabye Kierkegaard)说:"在人们眼里,信仰总显得那么和善,简直是人生旅途中的热心向导。"[3]尽管有专家(如Nancy Steinbach)认为,学习障碍是无法治愈的,但是,学习障碍者可以得到有效的指导和帮助,教师和家长可以辅助他们成功地学习。[4]这种针对学习障碍和多动症的研究课题和特殊需要教育,在国内外不乏成功案例。

我相信:每一朵鲜花都会盛开,只是时间的早晚,所以我一直在等待。因此,教师和家长要以科学的态度,信仰教育的力量,正视学习障碍和多动症,要有爱心和耐心地进行适宜的实践性干预,"养其根而俟其实,加其膏而希其光"[5]。

阅读是一种快乐,分享是一种善举。

获悉无锡市第一女子中学有一位东洋"海龟",达庆红老师的留学经历恰好与学习障碍和多动症研究有交集。她在日本佐

学习障碍与注意欠缺多动性障碍
LD 与 ADHD

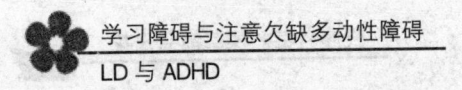

贺大学研究生院读书期间,曾获国际 ROTARY 米山奖学金,参与文化教育学部园田研究室主持的学习障碍和多动症儿童指导研究工作,还参加过专门针对学习障碍和多动症的夏季研修项目(第 2 回久留米市大学小儿科サマートリートメントプログラム),2007 年出席过日本 LD 学会第 16 次大会。

毋庸讳言,达老师无论是日语还是体验都比我更合适翻译《学习障碍与注意欠缺多动性障碍(LD 与 ADHD)》。据说,她与此书作者上野一彦在日本见过面,多次研讨过这个话题。她很乐意接受了这样功德无量的任务,我很高兴。

希望译稿出版后,有更多关注学习障碍和多动症相关的人士——教师和家长,由此了解这一研究领域的新发展、新技术、新策略、新成果,丰富我国关于学习障碍和多动症研究的内涵,进一步提升特殊教育的品质。

我深信:每一棵草都会开花。除了坚定教育信仰,我们还要努力学习,主动践行,养根而俟实。

是为序。

(博士,无锡市教科院研究员,江南大学兼职教授,苏州大学和扬州大学研究生导师,无锡市翻译协会常务理事)

参考文献

[1] [日]上野一彦. LD(学習障害)とADHD(注意欠陥多動性障害)[M]. 东京:讲谈社,2003:115-116.

[2] [前苏联]苏霍姆林斯基. 教育语录略解续编(下册)[M]. 南京:南京大学出版社,2014:524.

[3] [丹]索伦·A. 克尔凯戈尔. 基督徒的激情(节选)[M]. 北京:中央编译出版社,2001. 余秋雨. 经典人文(人文思想卷)[M]. 北京:新华出版社,2010:81.

[4] Nancy Steinbach. Learning Disabilities. http://language.chinadaily.com.cn/dialogue/voa/special/2004/02/0205.rm.

[5] (唐)韩愈. 答李翊书. 马其昶. 韩昌黎文集校注[M]. 上海:上海古籍出版社,1986.

序 言

现在,不管是在学校里、职场上,还是电视节目中等,人们经常会耳闻目睹 LD 与 ADHD(学习障碍与注意欠缺多动性障碍)这两个词汇。作者不仅能遇到有此担忧的父母前来咨询,还有更多机会直面有此烦恼的孩子。

难道,过去这样的人就不存在吗?或者,仅仅是因为当时周围的人没有注意到有人存在这样的障碍吗?如果是这样的话,为什么这一问题今天骤然沸腾了呢?

作者花了三十多年时间追寻学习障碍的现况,不断探求理解和支援学习障碍的理想状态,踏上了马不停蹄的寻梦之旅。作者的确在探索的道路上从学习障碍那里学习到了很多东西。其间,作者越是近距离实地接触学习障碍,越发认识到无法将与其重复性较高的注意欠缺多动性障碍分离开来论述。

理解学习障碍与注意欠缺多动性障碍要尊重每一个孩子的个性,这是育人教育的原点,理解了这一点对教育这些孩子非常的关键,简直就是拿到了打开这一扇大门的钥匙。

日本的教育问题十分突出,存在校园暴力、辍学、因学生扰乱课堂导致正常教学秩序无法维持、学生学习能力低下等问题。

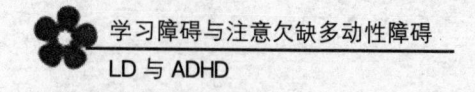

其中，不善于处理人际关系，不懂得如何与他人保持良好距离的孩子和年轻人的确在日渐增多。

当今，随着家庭小型化和少子化深入人心，事实上孩子们正在慢慢丧失各种各样生活的智慧和技能，而这些东西原本是在与家人和兄弟姐妹之间相处时学习到的，他们还会缺乏在地区生活中应该掌握的重要社会技能——社交能力。可以说孩子们切身体验建立自己与他人的关系，锻炼这方面能力的机会渐渐减少了。无论是孩子在学校也好，走上社会也好，人际关系都是基础。在孩子们的周围有形形色色的人，这些人有着各种各样的个性，孩子自身也是其中的一员，孩子在成长过程中清楚地意识到这一点是非常重要的。

什么才是尊重个性的理想教育状态？可以说，学习障碍和注意欠缺多动性障碍的存在是今后人们探讨这一问题的珍贵模板。人，作为一个生命个体，要想充满自信地活着，就要学会如何坚持自我，理解他人，被他人接纳，与他人切磋亲切自然的待人接物方法。

在美国，从20世纪60年代到70年代，学习障碍的称谓可以说是旧貌换新颜，从专业用语变更为教育用语，然后又在80年代一下子又变更为日常用语。而在1990年，注意欠缺多动性障碍也因为容易出现与学习障碍重复的特征，在学校进行指导时作为应该照顾的对象被正式揭开了面纱。

20世纪被称作"孩子的世纪"，它落下了帷幕。重视所有人尊严的新世纪又拉开了帷幕。21世纪伊始，可以说日本"特别

序 言

支援教育"的大门被学习障碍这块敲门砖叩响了吧。

在 21 世纪的今天,日本学习障碍和注意欠缺多动性障碍人士正在争取公民权。不仅是在学校,而是在整个社会,不仅是在孩子的世界,还是在成人之间,对这一词汇的理解被要求朝着更深、更远的方向发展。

1984 年,作者执笔《教室里的学习障碍》(有斐阁)一书。作者就此产生了比任何人都想认识学习障碍、了解学习障碍、想把学习障碍的情况告诉世人的热切心情。作者从接触疑似学习障碍的孩子们开始,在从事发展障碍临床工作,积累宝贵经验的日子里,自己坚持的理念逐渐膨胀、升华,作者把它变成了文字。与其说这些文字是作者写出来的,不如说是作者孕育出来的。

在这本书出版后又过了一段时间。在这期间有关学习障碍,教育方面和社会上的情况发生了翻天覆地的变化。作者深切地感受到人置身在历史的长河中,犹如白驹过隙。学习障碍的孩子们教会作者很多东西,现在他们也已经茁壮成长为青年。作者想通过他们再一次考虑加深理解和支援学习障碍与注意欠缺多动性障碍。

颇具个性的你,坚持认为或许这就是个性的你,可能不会立刻被诊断为学习障碍和注意欠缺多动性障碍。但是,你可能偶尔会感觉到自己有什么地方存在学习障碍和注意欠缺多动性障碍的特征吧。

据说大约有六成对学习障碍和注意欠缺多动性障碍感兴趣的专家和研究人员声称自己是以上两种障碍中的一种,或者说

学习障碍与注意欠缺多动性障碍
LD 与 ADHD

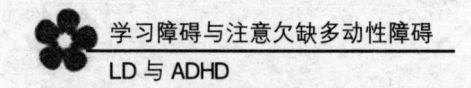

有这两个障碍的倾向较大。总之我们自己也可能是两种典型的障碍之一。作者从学习障碍人士身上学习到了很多人生中有必要掌握的哲理。作者承认自己具有某种学习障碍的特征,并有效利用这些特征,与这些特征和平相处。

谨以此书奉献给学习障碍和注意欠缺多动性障碍人士,非常尊重人的个性的人们,以及作者爱着的人们。如果通过这本书能够与广大读者一起遨游在学习障碍和注意欠缺多动性障碍的世界,那是作者的荣幸。希望 LD 这两个英文字母成为带给这些孩子们爱与梦想(love 与 dream)的打头字母。

上野一彦

目　录

第1章　理解学习障碍与注意欠缺多动性障碍……… 001
　告诉孩子们、家长及教师的 ……………………… 001
　脑是知识的整理箱……………………………… 002
　人是具有感情的计算机………………………… 004
　如果孩子们都被诊断为注意欠缺多动性障碍…… 006
　活跃在世界范围内的学习障碍与注意欠缺多动性障碍人士
　…………………………………………………… 009

第2章　追寻学习障碍与注意欠缺多动性障碍的历史……… 016
　追寻学习障碍与注意欠缺多动性障碍教育研究的起源与足迹
　…………………………………………………… 016
　从轻微脑功能失调到学习障碍与注意欠缺多动性障碍
　…………………………………………………… 019
　日本的学习障碍元年…………………………… 022
　学习障碍与注意欠缺多动性障碍的数量知多少……… 025

第 3 章　学习障碍与注意欠缺多动性障碍的实况和定义 ………………………………………………… 029

电影与小说中的学习障碍和它的伙伴们 ………… 029
小豆豆是学习障碍还是注意欠缺多动性障碍？ ……… 031
从阿莱克斯医生那里学习到的学习障碍与注意欠缺多动性障碍的实际情况 ……………………… 033
《不一样的天空》里的智力障碍 ………………… 038
雨人与高功能自闭症 ……………………………… 043
从定义看发展障碍 ………………………………… 046

第 4 章　为什么会成为学习障碍与注意欠缺多动性障碍 ………………………………………………… 052

性别差异的秘密 …………………………………… 052
男性与女性的差异 ………………………………… 054
探索学习障碍与注意欠缺多动性障碍产生的原因 …… 057
注意欠缺多动性障碍与其治疗药物 ……………… 062

第 5 章　对学习障碍与注意欠缺多动性障碍的发现与判断 ………………………………………………… 066

学习障碍打开了特别支援教育的大门 …………… 066
从康复训练到普通班级的指导 …………………… 068

目 录

万能咨询窗口 …………………………………… 070
为了提出有益的指导建议 ……………………… 073
对学习障碍的判断和个体内部差异 …………… 075
只有教育才是服务业 …………………………… 080
英才教育的实现 ………………………………… 083

第6章 对待学习障碍与注意欠缺多动性障碍——与孩子个性打交道的方法 ……………………………………… 086

学习障碍的理解要点 …………………………… 086
注意欠缺多动性障碍呈现出的困难与魅力 …… 091
名将方知攻城方略 ……………………………… 095
行为修正是指导的基础 ………………………… 099
学习障碍、注意欠缺多动性障碍与家庭教育 … 103
教师与孩子交往的方法 ………………………… 106
所谓不错的知音、优秀的支援者 ……………… 109
应该什么时候告知本人 ………………………… 112

第7章 孩子们啊,展翅飞向世界吧 ……………… 117

失败是成功之母 ………………………………… 117
怎样培养选择力 ………………………………… 119
自立于社会的难易 ……………………………… 122

003

自信与经验造就人……………………………………… 125

资　料　为了发现学习障碍与注意欠缺多动性障碍——从教师
　　　　眼中看出的检测清单…………………………… 132
　　关于学习方面困难的调查项目（学习障碍相关）……… 132
　　行为方面的困难相关调查项目（注意欠缺多动性障碍相关）
　　………………………………………………………… 135
　　有关行为方面困难的调查项目（高功能自闭症相关）
　　………………………………………………………… 137

参考文献………………………………………………………… 139

后　记…………………………………………………………… 141

译者后记………………………………………………………… 147

第1章 理解学习障碍与注意欠缺多动性障碍

告诉孩子们、家长及教师的

能否浅显易懂地说明情况是是否深刻理解事物的标志。将重要的事件如实地告诉给他人所花的工夫越多意义越大。信息传递的极致应该是将专业知识浅显易懂地传授给孩子们。我们应该知道能否做到这一点取决于信息传递者自身有多大程度理解事物本质。

向知识体系已经成型的成人传递新概念,与其使他们头脑变成空白状态,还不如对比已知概念,浅显易懂地说明新旧事物之间的关联性。目前还有很多人按照自己的方式理解学习障碍,误解学习障碍,认为学习障碍的英文缩写 LD 是激光唱片。直视这样一个现实是正确理解学习障碍的第一步。

如何向本人和其家人准确无误并小心谨慎地说明人的内在状态,这是一个大课题。我们不应该忘记"障碍"这一词汇在偏见和误解中容易被忌讳,我们也不应该忘记表面上的同情容易停留在肤浅理解的阶段。

作为家长或作为教师,如果想向学习障碍和注意欠缺多动性障碍的孩子们或者他们的兄弟姐妹和同班同学简明易懂、准确无误地说明这两种障碍的本质,你会如何说给他们听呢?作者脑海中一边模拟这样的情景,一边开始着手书写本书。并且,作者还在脑海里模拟妻子在家里对丈夫,在学校里对共同任教的同事,或者在公司里对上司和同事,寻求对学习障碍和注意欠缺多动性障碍的理解的情景,希望这会成为理解学习障碍的线索。

脑是知识的整理箱
——给有学习障碍的初中男孩儿

我们每天通过眼睛和耳朵或者指尖和皮肤,将各种各样的信息读取到脑。我们呼吸新鲜的空气,看看美丽的花朵,抱抱可爱的小狗,给老朋友们打打电话,发发短信……这样风平浪静的日常生活都是来自大脑的运作。我们躺在床上热了踢开了被子,做美梦,说梦话……脑在我们睡着了的时候也在运作。

人们接收各种各样的信息,参照过去的信息,整理后摄入脑,并且根据需要输出信息,脑内部具备这样的 Filing box(整理箱)。脑就是这么成为知识的整理箱的。

第1章 理解学习障碍与注意欠缺多动性障碍

那么人脑运作情况的好坏是由什么决定的呢？

脑的重量与体重和身高一样，不同的人稍有不同。据说男性的脑比女性的脑平均重 100 克左右。仅谈重量的话，鲸鱼和大象的脑比人类重很多，体型越大自然是脑的重量越重。从脑与身体的比重来看，比重最大的据说是一边飞一边吸食花蜜的蜜蜂。

然而大家知道人类的脑有很多皱褶吧。脑的样子好像将一张报纸攥成一团。把脑的皱褶摊开来可以伸展成很大的面积。脑皱褶面积大的话可以记住一定数量的知识并储存到脑的相应位置。脑皱褶的数量就好像整理箱的抽屉的数量。

抽屉总会有开关不好用起来不顺畅的时候。脑整理知识的方法不对，就会出现混乱如麻、搜索知识耗费时间的情况。所谓学习障碍就是与学习相关的几个抽屉不好用，容易产生混乱。

如左右混淆，不擅长看、画地图，记不住路和方向，这些情况就与脑的"抽屉"有关。出门时忘带东西，在玄关来来回回几趟，忘记收起来的东西放在哪了，经常找东西，总感觉和大家不一样，这就是"抽屉"不好用的结果。但是这样的情况与在学校的学习没多大关系，不称之为学习障碍。

但是，孩子在读、写、计算、思考方面，无论如何无法和大家达到同一程度，容易出错、怎么也想不起来相关内容，发生所说的"抽屉"不好用的情况，这就有些为难了。在学习方面有着特别困难的情况被称之为学习障碍。

很多感到学习困难的孩子本人、其教师和家长，也不一定了

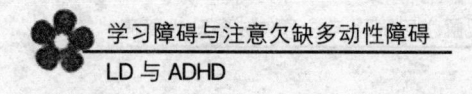

解这是因为与学习有关的抽屉不好用,所以才怎么也记不住知识,理解问题耗费大量工夫,从而无法正确回答问题。这样的孩子上课时经常被老师批评"为什么会与大家不一样",被指责不够努力,孩子自己也非常痛苦。

这时,如果孩子被允许按照自己的进度慢慢思考,选择适合自己的不同学习方法,掌握超越困难的窍门和方法就好了。孩子要清楚地明白自身的弱点,明白如何去做到即使不是最好也是更好地去解决问题,为难时知道怎样去想办法和努力比较好。孩子的周围哪怕是有一个真正理解学习障碍的人在也好,情况就会大不一样。

人是具有感情的计算机
——给学习障碍的孩子父亲的讲座

人被称为有感情的计算机。也就是说,可以认为人脑拥有一种记忆演算推理装置,从信息处理的观点出发,应该有输入和输出过程,特别是两者之间有中央处理过程。记忆的话,可以分为铭记(记)、保持(记住)、再生(想起),或者再认(参照已记住的内容)和再生(再现已记住的内容)。

脑接收、参照、整理、联系、统合并记忆来自不同种类的感觉器官的输入信息,并且根据需要再加工,最有效地通过语音与文字、绘画、身体动作输出信息。脑处理感情与意志方面的信息是

第1章　理解学习障碍与注意欠缺多动性障碍

有特点的,如果人们产生学习兴趣,脑的性能就会提升,感到讨厌学习时,脑处理信息的效果就会迅速下降。如果脑产生混乱状态,即会陷入所谓恐慌的暂时性过度激动状态。

"人体计算机"似乎有数个CPU(中央处理装置),我们一边做事情,一边思考其他的事儿,另外一个自己从其他角度在监视自己正在做的事情:"时间分配不要紧吧?""这种做法不会犯大错误吧?"

就像计算机具备文字处理功能一样,我们"人体计算机"也具有相当优秀的文字处理功能。最近新出品了擅长漫画处理的新一代计算机机型和将任意两国语言自动转换的语言并用机型。

看,就连计算机,其性能似乎也各有差别。在这些计算机里,有的启动缓慢,让人心焦;有的汉字的转换功能较差,该跳出什么汉字让人捏把汗;但也有连拼写和语法都能自动检索的优质机型等,这真可谓千差万别。

计算机也不是万能的,有的领域计算机基本起不到什么作用;相反,有的领域计算机十分擅长。人们使用不同的方法,可以开发出很好的计算机性能。很多时候,过多的性能也用不过来,就好像让劳斯莱斯轿车行驶在庄稼地的田埂路上一样。

计算机由许多被叫作CPU的芯片和零件组成,即使成品通过检验,实际上也会存在部分零件运转不良的情况。计算机即使通过严格的品质管理也会有不良性能检查不出来的

学习障碍与注意欠缺多动性障碍
LD 与 ADHD

情况。

如果将人比喻成计算机的话,学习障碍即使通过了"计算机的成品检查",某一部分,即听、说、读、写、计算、推理,与基本学习能力的养成和使用方面的相关范畴,也会稍有不协调。

这样的功能不调,可以通过自动选择"迂回的回路和补助装置"回避。人们可能根本没发现问题,也可能会有意识地使用"其他软件和辅助软件"解决问题。重要的是,人们是否能熟悉"机器"使用的舒适度和特点,是否都能够充分发挥其功用,如何对待功能不全,如何更好地发挥"机器"的效能。这大概与企业人事管理类似吧。

鉴于对学习障碍在孩子学习时造成的挫折和困难的分析,如果能明确学习障碍与孩子认知过程的哪个部分相关,就有可能采取那个孩子学起来轻松的教学方法。家长和教师应该理解学习障碍的孩子所具有的特征——个性,为他们考虑尽可能减少他们容易遇到的困境,能够认可他们的个性,实施适合其个性的教育。

如果孩子们都被诊断为注意欠缺多动性障碍
——给被诊断为注意欠缺多动性障碍的幼儿的母亲

"注意欠缺多动性障碍?为什么医生给我女儿诊断成这么难理解的名字啊?明明我亲戚中一个都没有患有这种障碍的孩

第1章　理解学习障碍与注意欠缺多动性障碍

子。她会说话，最喜欢赛跑了。她明明是那么可爱的孩子……

虽然，确实是家长带着她去哪购物的话，只要一松开手她就立刻乱跑，淘气得不得了。她在公园向同龄的孩子扔沙子，尽管是女孩儿却很粗暴，家人时时刻刻得看着她。

如果看着她眼睛说话她能明白，她对什么都感兴趣，能立刻学会唱歌和做游戏，脑袋瓜儿很聪明的。

现在的孩子特别需要大人费心照顾，显得格外不老实。我女儿是个孩子气的孩子。她竟然是注意欠缺多动性障碍……"

ADHD（注意欠缺多动性障碍）的诊断可在7岁前进行。孩子本来就是不老实，不听话的，注意欠缺多动性障碍从其发展情况来看，注意力的持续时间很短，是有显著冲动性和多动性行为特征的医学用语。

被诊断成注意欠缺多动性障碍的孩子，在与同伴玩耍和与他人一起活动时容易引起纠纷，进入学校后在学习方面会遇到挫折，我们可以知道他们中有很多同时被诊断成学习障碍的例子。这些孩子们大多会被认为家庭教育得不好，其家长被视为教子无方，世人会向孩子的母亲投去苛责的目光。孩子的母亲不仅会被其他人责怪，还会被自己的丈夫、婆婆这样的家里人责备。

注意欠缺多动性障碍是孩子与生俱来的，或是与其发育早期脑的发育有关的问题，与育儿方法和教养无关。从好的方面来说，与其他孩子相比，他们特有的活泼容易表现得比较明显，并且会长久持续。虽说如此，照顾这样的孩子非常费心，周围人经常会把他们与其他孩子相比较,他们被人说三道四,孩子的母亲是够受的。

有注意欠缺多动性障碍的幼儿是随性的,自由奔放的,片刻也离不开人监护,尤其他们是无拘无束的。说到这里,作者眼前会浮现一边心里呐喊着孩子是有生命的,不是人偶,一边看着终于进入梦乡的孩子的睡脸,叹息着的母亲的形象。

一旦成为小学生,孩子会不满意为什么自己不被大家接受。他们经常会被家长和老师批评,自己会有好好学习的时候,可是做不好,反而受到伤害,性格渐渐变得暴躁。

这些孩子体内的"能量块"巨大,因他们无法安静地学习生活,如果得不到周围人的理解,应该比谁都痛苦吧。就好像是一只精力充沛的小狗不被领着散步,却被关在狭小的屋子里只是老实待着。

如何教育注意欠缺多动性障碍的孩子比较好呢?知道这个要领首先要感知孩子们身上"能量的方块——能量块"的存在。

长大成人的注意欠缺多动性障碍人士里面优秀人才辈出。不应该一味地压制这些孩子们的能量,而应该想办法把他们的能量往好的方向引导,从这样的观点开始养育注意欠缺多动性障碍的孩子比较好。

第1章　理解学习障碍与注意欠缺多动性障碍

活跃在世界范围内的学习障碍与注意欠缺多动性障碍人士

该如何浅显易懂地说明学习障碍与注意欠缺多动性障碍呢？……作者是带着这样的设定书写本书的。接下来，作者会举几个自己身边典型的学习障碍与注意欠缺多动性障碍的事例加深大家对学习障碍的理解。

活跃在世界范围内的学习障碍与注意欠缺多动性障碍人士的确大有人在。就连不少历史人物也被认为有学习障碍或注意欠缺多动性障碍。他们不仅出现在科学与艺术领域，还出现在政治与经济、商务、体育等各个领域。

谁也无法确定这些历史人物是否真的有学习障碍或注意欠缺多动性障碍。作者只能通过与他们的杰出才能和鲜明的个性有关的轶事来捕捉这两种障碍的固有特征，从而进行推测。

但是可以告诉大家的是，他们有与学习障碍或注意欠缺多动性障碍相似的发展特性，他们克服各种各样的不被理解和困难，发挥能力，绽放个性之花，他们载入史册的事实成为我们理解生命个体的起点。没有必要把什么都牵扯进学习障碍与注意欠缺多动性障碍的世界里，但是从他们颇具特征的个性状态和他们的人生轨迹里我们的确可以学到很多东西。

至今被怀疑是学习障碍或注意欠缺多动性障碍，同时可以列出姓名的名人,或者本人说自己是学习障碍或注意欠缺多动性障碍的如下所述。可能作者随便列出他们的名字会给他们本人和家人、与他们有关系的人带来非常大的烦扰。希望大家看在他们优秀的才能和业绩,特别是丰富多彩的个性的份上可以彻底谅解作者。

在艺术方面,可以列举出来的是奥古斯特·罗丹、莱昂纳多·达·芬奇、巴勃罗·毕加索、萨尔瓦多·达利,在日本有冈本太郎等。他们因出类拔萃的创造性和独创性,罕见的注意力而名垂青史。这些被称作天才的人们共通之处就是,他们作为拥有突出才能的得主,有时在日常生活等方面却不擅长做在别人看来是信手拈来的事情,显示出能力的不平衡性。这一点作为他们非凡性的代价,既有以令人欣慰的轶事为结局的,又有谱写波澜万丈的人生流传于后世的。

对于毕加索来说,学校是他的炼狱,对他来说是非常痛苦的。他算数特别差,据说不想努力的他经常被关进有长椅的"单间"思过,可是因为能够带着纸一个劲儿地画他喜欢的画,这样的处理对他来说既是他希望的又是能够实现愿望的。达利也是一个在进入小学之前,连自己的鞋带都不会系,事情不按自己希望的发展就会立刻发脾气的孩子。

据说,西班牙建筑家安东尼奥·高迪亲自设计了一座家庭教堂,这座教堂雄伟壮观,一直到完工为止经历了几个世纪。他也有学习障碍与注意欠缺多动性障碍的征兆。高迪那种充满幻想色彩、卓越的造型感,超越了普通艺术家的框框。在欧美,作为优秀的Dyslexia(阅读困难症,作为只是不擅长读写的病例,被认为学习障碍的临床病例之一)者开创了辉煌的人生道路,高迪在建筑界被推崇的理由大概就在这儿吧。

在科学家里面,阿尔巴特·爱因斯坦和托马斯·爱迪生经常被举例提出。有着旷世之才的他们与其说是在其学生时代获得了优秀评价,还不如说是作为"差生"的传闻一直流传于后世。

爱因斯坦在高中(在德国为预备升入大学的孩子们开设的中学)学习后进,随后辍学。他在参加苏黎世的联邦工业大学的入学考试时,语言学、植物学、动物学的三门成绩不及格。此后,爱因斯坦被编入州立学校后好不容易及格了,但是除了数学和物理成绩之外,其他成绩惨不忍睹。据有关爱因斯坦的传记记载,他在大学里也是只学习自己感兴趣的科目,对其他科目漠不关心。当然大学教授对他的印象也不好,他被拒绝在大学里继续上学,后来在专利局的角落里求得了一份办事员的工作。唯一幸运的是,他可以为了研究充分利用自己的时间,他邂逅了少数正确评价他设想的人,这一幸运开辟了他作为享誉世界的爱因斯坦的成长道路。

有关爱因斯坦的轶事较多,他将日内瓦大学创办350周年纪念庆典、用拉丁语书写的邀请书认为是与自己毫无关系的废纸扔进了废纸篓。他是出席了庆典,可他因戴着草帽,穿着便装而陷入了尴尬的境地。此后他去了美国,度过了他最后的学习研究生活,这位穿着打扮不拘小节的天才物理学家的言谈举止与生活态度似乎比较适合美国那片自由的国土。看到大科学家爱因斯坦的这一面，不止作者一个人脑海里无意中浮现出2002年、作为公司职员获得诺贝尔化学奖而引发话题的田中耕一的形象吧。

在很多传记里也有对另外一位天才——爱迪生少年时期不合常理的举动的精彩描写。因为问了一加一为什么等于二，而让老师下不来台；因问了太多"为什么啊？为什么啊？"而终于被老师通知说"不用来学校上学了"。爱迪生这种情形也有点像取得卓越成就的小豆豆（黑柳彻子的自传小说《窗边的小豆豆》的主人公）的情况。

"实验少年"爱迪生作为伟大的发明家的一斑，已在他10岁那年崭露光芒。不过，他的实验经常以意想不到的失败告终。可能没有丢掉性命对他来说是最大的幸运。并且，另外一个幸运大概就是在如此任意胡来的他身边有一位理解他的母亲，海一般包容他的人吧。

这让作者想起精神分析的鼻祖弗洛伊德的那句话："被母亲无条件地呵护培养的人自身就是赢家，能够拥有在整个生涯中取得成功的自信。并且，实际上往往能走向成功。"

在体育运动的世界里，常有奥运金牌选手在接受采访与报道时说，自己在学生时代是学习障碍，接受过特别支援。作者颇有印象的是韩国奥运会（1988年）上的跳水选手格雷格·洛加尼斯。洛加尼斯的HIV职业经历被公布引来话题，他自己在接受采访时讲述了他的学习障碍症状，说他无论如何也掌握不了"the"的单词发音。

第1章　理解学习障碍与注意欠缺多动性障碍

在日本,天才棒球手长鸠茂雄拥有天衣无缝的棒球生涯,他那被称为"动物般的直觉"的才能与发令,具有独特的语言表达方式等特点,让作者不禁暗暗想到他不应该是"天才巨星",而应该是"学习障碍之星"吧。

在演员里面,汤姆·克鲁斯和罗宾·威廉姆斯、乌比·戈德堡等人是学习障碍的名人。活跃在好莱坞的剧本作家史蒂芬·坎内洛也认为自己有学习障碍。

据说汤姆·克鲁斯小时候读写困难,多次转学。他因为不能顺畅地看台词,请人将所有台词录进磁带里再背诵。他因这样痛苦的经历至今还在赞助学习障碍的学校。

可能谁也不会相信第二次世界大战时期的英国首相温斯顿·丘吉尔在他少年时期为自己是学习障碍而苦恼过吧。在纽约曼哈顿,有一座教育学习障碍儿童的私立学校——丘吉尔学校,在这家学校的玄关里展示了丘吉尔少年时期成绩表的复印件。这从保护个人隐私的角度来说有点蛮横,但是可以说对于因自己是学习障碍而痛苦的孩子们来说这是无比珍贵的礼物。

创办洛克菲勒财团的约翰·D.洛克菲勒的孙子纳尔逊·洛克菲勒早先就职过纽约州州长,又在1974年当上美国副总统。他在少年时期患有 Dyslexia(阅读困难症),成绩很差。在他的传记里面有个女仆口述的部分不禁让作者深有同感:"少爷浑身充满了旺盛的生命力,他不知道如何处理这一能量。"

第35届美国总统约翰·F.肯尼迪尽管是一个看起来聪明的孩子,但是由于他考试成绩很差,负责宿舍管理的老师曾经给

他父亲写过这样一封信：

"贵公子不到最后关头不会学习，不遵守时间。基本感觉不到物品存在的价值，就连自己带的东西放在哪里了都记不得。"

看到自己的孩子因丢三落四出了名儿，连自己的拖鞋箱的位置都记不住，学习障碍的特征随处可见，他的父母该如何解读这封信呢？

除此之外，据说作家阿加莎·克里斯蒂、因独自横穿大西洋无着陆飞行而享誉盛名的查尔斯·林德伯格、第二次世界大战时盟军中的乔治·巴顿将军等也是学习障碍。在实业界，以灰狗公交公司的弗莱德·加利会长为首，统帅维尔京航空等维尔京集团的理查德·布兰森、从手工制作篮球到孕育出7亿美元资产的戴夫·隆加伯格、达拉斯的不动产王理查德·施特劳斯等因学习障碍而有着痛苦经历的人们的成功故事在美国举不胜举。

当然，回顾一下历史，对学习障碍与注意欠缺多动性障碍的理解，在原本就不太宽容个性的日本文化中，有个性的人物大有人在。在博物学、植物学、民俗学、语言学、生态学方面名扬海内外，博览群书、记忆力超群的伟人南方熊楠等人正是这样的代表。也有专家对历史人物织田信长和坂本龙马有这方面的相同印象。

确实，如果现在能当面诊断历史人物，对有些人可以确诊，对有些人也无非是臆测。但是孩提时期因能力不均衡和行为控制而苦恼，但又精彩地活跃在世上的人们的形象不仅对有学习

第1章　理解学习障碍与注意欠缺多动性障碍

障碍和注意欠缺多动性障碍的孩子们有激励作用，也的确是大大激励了世人尊重个性这一理想社会状态。在今后追求创造性和独创性的时代，必定要重视、发展、开发学习障碍和注意欠缺多动性障碍人士的能力和才能。

第2章 追寻学习障碍与注意欠缺多动性障碍的历史

追寻学习障碍与注意欠缺多动性障碍教育研究的起源与足迹

让我们回顾一下学习障碍与注意欠缺多动性障碍的起源和历史吧。

回顾学习障碍教育研究的起源,最早是从17世纪到19世纪,在欧洲有不少医务工作者报告说,有人因患病而丧失阅读能力,这一病症被认为是在英语国家里特有的阅读障碍(Dyslexia)。阅读障碍的共同特点是不伴有智力障碍,有读书障碍、读字障碍,也叫失读症或阅读困难症。

中世纪,教育是一部分特权阶级的特权,很多人即使会普通会话,也不会读写。但是随着文明的进步,针对普通民众的识字运动对普及读写教育产生了巨大影响。随着最终过渡到了学校教育阶段,人们总算渐渐知道了在相同的教育条件下,无论怎样

第2章 追寻学习障碍与注意欠缺多动性障碍的历史

教育都会有读写方面特别困难的人群。当然如果伴随智力障碍,我们比较容易理解这一情况会不利于学习。但是明明在日常会话和交流时没有特别让人感觉到问题,突然在读写方面产生巨大障碍,就让周围的人感到不可思议。

这样的情况大多会被认为本人不够努力,没有掌握基础学习,人们很难注意到隐藏在他们背后一直存在的发展问题。现在,随着所说的学习障碍中的阅读困难等事例被越来越多地报道出来,学习障碍才逐渐有可能作为教育问题被真正采纳。

在20世纪初,用研究阅读障碍的塞缪尔·奥顿的名字冠名的奥顿阅读障碍协会于1946年在美国创立,现在作为国际阅读障碍协会(IDA),不断举办有声有色的活动。英国也在1972年成立阅读障碍协会。因此在英语国家,至今都存在阅读障碍这一词汇。可以看出这一问题逐渐被重视,翻开了历史的一页。不仅支持阅读障碍的制度和团体在欧美各地兴起,诊断、评价阅读障碍的测试法和指导教材的开发也在发展进步。

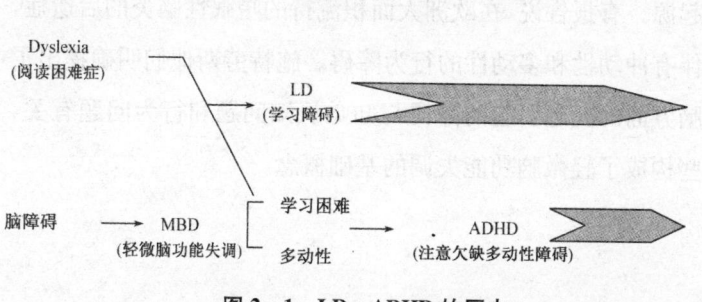

图 2-1 LD·ADHD 的历史

学习障碍与注意欠缺多动性障碍
LD 与 ADHD

与上述阅读障碍的谱系不同，从 19 世纪末到 20 世纪初，法国名医皮埃尔·布罗卡（Pierre Paul Broca）和德国的精神科医学专家卡尔·威尼克（Carl Wernicke）等人对大脑部位的研究可以追溯到学习障碍教育研究的另外一个起源。

根据早先对失语症和语盲的研究，特别是以对第一次世界大战头部负伤的士兵为开端，展开了各种各样的对脑损伤方面的研究，终于由活跃在美国的发展心理学家海因兹·威尔纳（Heinz Werner）和治疗教育学者阿尔弗莱特·施特劳斯（Alfred Strauss）等人在对脑损伤儿童的研究和指导等方面创设了学习障碍与注意欠缺多动性障碍教育的流程。这些研究构成了当今大脑研究的科学基础，在今后的学习障碍与注意欠缺多动性障碍教育研究的背景下，可以说从推断脑也就是中枢神经系统的某一发展问题的意义方面来说，这是学习障碍与注意欠缺多动性障碍教育研究的起源。

从 20 世纪 50 年代到 60 年代登场的 MBD（轻微脑功能失调）这一概念作为医学用语，构成了学习障碍教育研究的另外一个起源。有报告说，在欧洲大面积流行的嗜眠性脑炎的后遗症，多伴有冲动性和多动性的行为障碍。施特劳斯他们明确提出了因脑方面的问题引起的障碍与知觉认知问题和行为问题有关，这些构成了轻微脑功能失调的基础概念。

第 2 章 追寻学习障碍与注意欠缺多动性障碍的历史

从轻微脑功能失调到学习障碍与注意欠缺多动性障碍

　　轻微脑功能失调由行为异常、运动障碍、认知障碍、语言障碍、阅读·书写·算数等几个学习方面的障碍构成。也就是说，根据多动性等行为方面的问题和学习困难这两个典型症状，轻微脑功能失调可分为多动性行为型、学习困难型、两者重复出现的混合型障碍。

　　轻微脑功能失调也曾被称作轻微脑损伤，与其说脑的某个部位有某种损伤，不如说脑有运作不好的部分，也就是意味着其概念从生硬的说法向柔和的说法转变，变成了轻微脑功能失调这一名称。

　　1960 年以后，在美国开始使用学习障碍这一用语，包含先前提到的阅读障碍，学习障碍作为在教育方面学习支援的对象一下子引起了公众的注意，学习困难作为学习障碍，成为优先解决的问题。

　　阅读障碍、轻微脑功能失调等有着各种各样名称的这些障碍在教育领域被统一称作学习障碍的契机是在 1963 年，知觉障碍儿童基金会举办的家长与专家参加的芝加哥大会上，伊利诺斯大学障碍儿童研究设施的塞缪尔·科克的演讲。科克作为智力障碍儿童的早期教育提倡者享有盛名，他于 1965 年出访日本，还在各地发表演讲。

学习障碍与注意欠缺多动性障碍
LD 与 ADHD

科克在芝加哥的演讲中提出了学习障碍（learning disabilities）这一用语。以这个演讲为契机，成立了美国学习障碍协会（LDA）的前身——美国学习障碍儿童协会（ACLD），在全美成立了分部，这成了点燃由公办学校进行学习障碍教育这一策略的星星之火。1963年被称为美国的学习障碍元年即因此得来。

在美国由轻微脑功能失调转化成学习障碍这一概念，正在不断掀起波澜壮阔的变化时，日本终于在医学领域导入了轻微脑功能失调这一概念。1965年，在东京召开的第11次国际儿科学会（ICP）展开了对"精神薄弱极其治疗"的公开座谈讨论会。其间约翰霍普金斯大学（Johns Hopkins University）的莱昂·艾森伯格（Dr. Leon Eisenberg）发表了题为"对精神薄弱儿童在精神医学方面的管理——特别是从治疗无法安静的儿童的视角阐述"的演讲。

东京大学的铃木昌树教授作为日本研究轻微脑功能失调的先驱而闻名遐迩，他在著书《轻微脑功能失调》（川岛书店）中指出："现在想想，与其说是精神薄弱，还不如说医生在治疗轻微脑功能失调时存在重大问题。在我国儿科科学界，那时基本缺乏对这方面问题的关注，虽说它是全新的名词，但是我想理解这个术语含义的人太少了吧。"

在1968年的日本儿科学会第71次总会的公开座谈会上，首次以"轻微脑功能失调"为题展开讨论。于是轻微脑功能失调在儿科，特别是小儿神经学的领域受到瞩目，此后，轻微脑功能

第 2 章　追寻学习障碍与注意欠缺多动性障碍的历史

失调在很多临床课程中作为诊断名被采用，成为人们耳熟能详的概念。

日本在 20 世纪 60 年代后期提出了轻微脑功能失调的概念，算是姗姗来迟，美国是领先了一步，学习障碍的教育研究在教育界着实获得了市民权。

让我们回到美国学习障碍教育的发展历史。学习障碍以学校教育为平台，作为新的发展障碍概念，是在 1975 年制定的合众国公法（PL94-142）正式被提出来时取代轻微脑功能失调登场的。此联邦法保证了所有障碍儿童能够得到"免费且适当的"教育，当时学习障碍儿童虽然接近全部学龄儿童的 2%，但在 2000 年的美国教育部的报告书里已达到 5.6%，现在，适用于这条法律的学龄儿童接近 12%。

随着学习障碍教育步入了轨道，现在轻微脑功能失调的另外一个侧面，多动和冲动性、注意力集中障碍等行为方面，家长们希望被称作 ADHD（注意欠缺多动性障碍）的孩子们也成为教育支援的对象的需求越来越高。1990 年以后，注意欠缺多动性障碍作为教育方面应该考虑的医学疾患，有越来越多的州对学习障碍展开了支援，这一支援取代了对数量急速减少的结核病等的支援。

随着学习障碍这一概念的渗透，也对学习障碍是教育领域的概念、轻微脑功能失调是医学用语做了区分，最终对学习方面的问题是学习障碍，行为方面的问题是注意欠缺多动性障碍等概念的梳理终于进步了，轻微脑功能失调结束了其作为这一用语的使命。

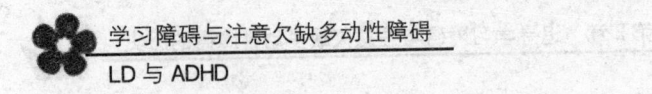

学习障碍与注意欠缺多动性障碍
LD 与 ADHD

日本的学习障碍元年

　　学习障碍是对在智力发展发面没有严重的迟缓,是对在学习方面有特殊障碍,知识掌握有困难的孩子使用的新的教育用语。与智力发展全面迟缓相比,从有学习障碍的孩子认知发展有部分迟缓和发展不平衡这两方面来看,对学习障碍的教育研究应该主要注重给学习带来不利情况的一面。

　　与美国 1970 年学习障碍教育爆发性的普及相比,日本致力于学习障碍的教育竟然落后了 25 年以上。学习障碍的存在得到首次承认,是在 1990 年日本文部省(现文部科学省)正式开始讨论以后的事情。

　　承认学习障碍存在的契机是 1990 年 2 月,学习障碍的监护人与对学习障碍感兴趣的专家们在合作时,由学习障碍的监护人创办的"全日本学习障碍儿童·亲属联络会"(即现在的"全日本学习障碍家长会")的成立。这个家长会的成立对教育行政部门带来了强烈的冲击,几个月以后在参议院预算委员会、众议院文教委员会等会上,由议员对日本的学习障碍的现状认识和对策展开了提问,引发了文部、厚生(现在厚生劳动)两省承诺约谈。

　　有关学习障碍最初的讨论是从 1990 年起,在文部省设置的"有关由普通班级进行指导的调查研究合作者会议"现场进行

第2章 追寻学习障碍与注意欠缺多动性障碍的历史

的,历时两年。正是对学习障碍展开正式公开讨论这一举动的1990年,称为日本的学习障碍元年。这比美国晚了大约30年。

在合作者会议上,报告《关于由普通班级指导的充实方案》被通过,从1993年起有学习障碍的孩子不用将学籍转到特殊班级,可在普通学校保留学籍的同时接受特别的教育援助。"由普通学校来指导"这一方针被实施。但是,这一制度是在以往的普通班级指导制度下,对语言障碍和情绪障碍等在特殊班级的实际指导在法律方面的扩充,智力障碍列入该制度的对象自不必说,学习障碍也成为讨论的对象被继续审议,从这一制度的适用对象里被排除。

真正对学习障碍教育对策的研讨移到了1992年开设的"有关学习障碍及与之类似的学习方面有困难的儿童的指导方法的调查研究合作者会议"进行。1992年,召开了合作者会议,这一年,也是日本学习障碍学会成立的年份,日本文部省对学习障碍教育研究的历史也与学会的基础性建设的时期重叠。

合作者会议的研讨首先是定义,然后进展到对学习障碍的实际状况的把握。但是,当时在学校,不断有监护人对为了判断学习障碍进行的必要的智力检测有抵触情绪——"我的孩子不用接受任何特别支援,我希望把他放在普通班级里学习。"这一日本特有的呼声充满了对特殊教育的排斥情绪,在全国各地根深蒂固。

在这种情况下,可以说对学习障碍(LD)这种新的"障碍"的排斥是超乎想象的。即使在调查研究合作学校,调研人员不能说是学习障碍,要说成学习困难这个名称校方才肯合作,家长的呼声还很强烈,他们无论如何都不能同意智力检测。

此时,与其袖手旁观置之不理,不如客观地把握孩子的认知状态,实施恰当的支援项目才是真正的教育吧,对学习障碍支援教育感兴趣的教师们(大多是语言障碍和情绪障碍普通学校指导教室的教师们)增多了。支援项目以日本学习障碍学会的学校教育会议等为中心,逐渐在全日本被组织壮大。

另外,1995年日本国立特殊教育综合研究所(现独立行政法人国立特殊教育综合研究所)召开了"负责指导学习障碍儿童等主任讲座"的传达讲习,该讲习耗时两天,以此为开端,不久之后的一周时间以内,然后是2002年召开了"学习障碍儿童等指导员研修会",展开了耗时一个月的研修,各种研修和讲座内容丰富。这一研修成为各地学习障碍教育的核心,是对一线教师的再教育。整个教育界对学习障碍的理解实现了飞跃性的提高。

总共耗时长达7年时间的研讨和调查研究,中间经过1997年的合作者会议的中间报告发表,1999年7月发表了《对学习障碍儿童的指导(报告)》,报告增添了《学习障碍的判断·实际情况把握基准(草案)》,此后,在全日本范围内制定了开展学习障碍模范事业的具体性的指导方针。

第 2 章　追寻学习障碍与注意欠缺多动性障碍的历史

学习障碍与注意欠缺多动性障碍的数量知多少

学习障碍与注意欠缺多动性障碍的教育研究真的能起飞吗？它的滑行太过缓慢，花费了太多的时间。但是，就是在这样发展缓慢得让人着急的情况下，实现了让人难以置信的完美起飞。而且它不是在狭隘的特殊教育的有限空域内，而是朝向特别支援教育这一还无人涉足的广阔天空飞翔。

2002 年 10 月，日本文部科学省发布了《关于普通班级内有必要进行特别支援教育的在籍学生的全国实况调查》结果。

这是以小学、初中共计 370 个学校，约 4 300 个普通班级的班主任为对象，对超过 4 万人的中小学生展开正式的实况调查。问卷调查的回答寻求班主任和教务主任两方面教师身份的人群的判断，回收率在学校、班级范围内都接近了 99%，这也说明了在日本全国范围内对学习障碍与注意欠缺多动性障碍的高度关心。

问卷调查的对象为学习障碍与注意欠缺多动性障碍、高功能自闭症（不伴随智力发展迟缓的自闭症）的中小学生。调查方法为将教师观察到的这三类障碍的典型特征制成问卷项目（书末参考），根据班主任的回答，统计这方面有明显特征的孩子的数量。因为这项调查并不是根据医生和专家的专业诊断和判断，所以并非正式的障碍发生率调查。但是终究还是要采取这

学习障碍与注意欠缺多动性障碍
LD 与 ADHD

样一种调查,即在学校范围内用教师的眼睛发现有明显教育需求的孩子。

至今为止,教科研人员对学习障碍和注意欠缺多动性障碍的孩子究竟有多少这一问题展开了各种各样的调查并不断报道出结果。美国1975年,在《所有障碍儿童教育法案》(现在的《障碍者教育法》)里正式提到了学习障碍,关于其可能存在的人数,最初推测值设定为2%。

这一数值并非突然从魔术师的帽子里钻出来的。它的萌发是以约2 000个学校的公立小学、初中的校长为对象的美国教育统计局的调查结果——2.0%~3.5%(平均2.6%)的最小值为根据。不过,这一数值随着学习障碍概念的普及被更改,报告阐述了如今在美国有接近6%的孩子应该接受学习障碍的教育支援。

美国精神医学会的诊断手册DSM-Ⅳ(1994年)推断公立学校学生的5%有学习障碍,另外,注意欠缺多动性障碍的患病率是3%~5%。顺带说一下,有报告说学习障碍和注意欠缺多动性障碍的双重障碍一般在30%左右。但是也有报告(美国学习障碍协会,2002年)说注意欠缺多动性障碍的孩子有50%以上同时也是学习障碍。

在日本,以公立学校的教师为对象的此次调查,被视为学习障碍、在学习方面有显著特征的孩子有4.5%,被视为注意欠缺多动性障碍和高功能自闭症、在行为方面有显著困难的孩子有2.9%,可能是任意一个方面或者有两方面特征的孩子占

第 2 章　追寻学习障碍与注意欠缺多动性障碍的历史

6.3%。(男女比率占全体比率为 2.4∶1)

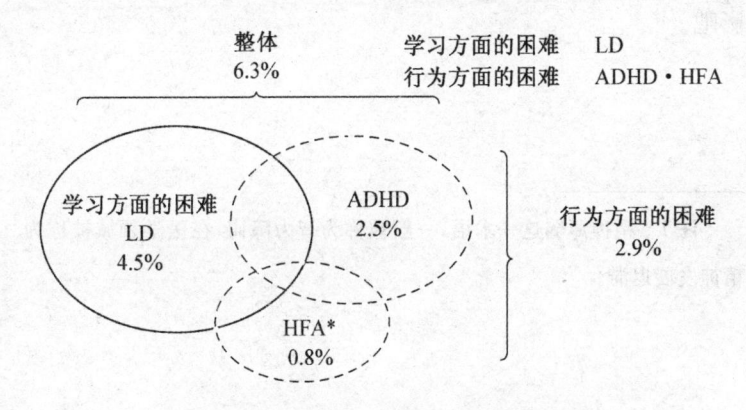

```
                整体          学习方面的困难    LD
                6.3%          行为方面的困难    ADHD・HFA

   学习方面的困难       ADHD
        LD            2.5%              行为方面的困难
       4.5%                                 2.9%

                    HFA*
                    0.8%
```

＊高功能自闭症(不伴随智力障碍的自闭症)

图 2-2　对 LD・ADHD 等的全国实况调查(日本文部科学省,2002)

特殊教育的现状是接受特殊教育的中小学生大约有 16 万人,比率为 1.5%。(盲、聋、特殊学校 0.46%、特殊班级 0.73%、普通学校指导教室 0.29%,2002 年)据说从 20 世纪 80 年代起统计的,有严重教育问题的辍学儿童有 14 万～15 万人,我们可以知道 6.3%这个数字的含义该有多沉重。

调查一开始,就排除了不接受特殊教育,学籍在普通班级,有全面智力障碍的儿童(据推测至少有 2%以上)的回答。现在,这些孩子加上本次调查的 6.3%的在学习和行为方面有困难的孩子,再加上接受特殊教育的 1.5%,有特别支援教育需求的孩子,合计约 10%,也就是说接近一成。

这一数值与在美国接受特别教育,也就是接受个别教育计划的中小学学生的比率基本匹敌。可以说在学习障碍教育方面,一直在追赶美国的日本终于在眼前看到了先驱的背影吧。

注1 精神薄弱这一术语,一般被称为智力障碍,在医学领域被称为精神发展迟滞。

第3章 学习障碍与注意欠缺多动性障碍的实况和定义

电影与小说中的学习障碍和它的伙伴们

我们已经接触了作为学习障碍起源的阅读障碍和轻微脑功能失调，围绕学习障碍交错了各种各样的相近概念——注意欠缺多动性障碍、智力障碍、高功能自闭症、阿斯伯格症候群、广泛性发展障碍（PDD）、发展性协调运动障碍（DCD）……

这些全都被分类为与脑功能相关的发展障碍，大多是医学术语。如果把这些障碍比喻成是学习障碍的亲属的话，那就是学习障碍的近亲，可以视为与学习障碍共同成长的伙伴。虽说是发展障碍，因为被理解成个性发展的问题，由于障碍程度不同，有着各种不同的情况，而有重度障碍的孩子在整个生命过程中都有必要得到关怀和照顾。

在医学领域，从究其原因，对其症状采取措施的角度出发，在对学习障碍和注意欠缺多动性障碍的诊断分类方面逐渐实现

学习障碍与注意欠缺多动性障碍
LD 与 ADHD

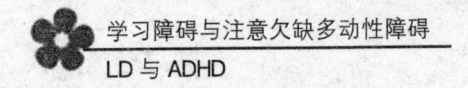

了日新月异的发展。最近,也可看到与注意欠缺多动性障碍相关的反抗挑战性障碍、行为障碍等名称。与确立今后的诊断名称,不断更改它的名称相比,让作者印象颇深的是确立了以正确记述障碍情况为目标的里程碑。同时,相关专业术语对于教员和监护人来说理解起来较难,时常让人感到有种冷漠的感觉。

一旦自己的孩子被这样诊断了,孩子的父母就会不断追查孩子障碍产生的原因,开始踏上寻找有效治疗方法和治疗这方面障碍的求医之旅。他们即使寻到了奇迹般的治疗法也不会遇到解答自己所有疑问和不安的专家和名医,终究会在失望和放弃中等到客观地扭转孩子情况的时期。

重要的一点不是期盼有障碍的孩子彻底地治愈和恢复,而是正确理解其障碍的状态,如何提高孩子自身具备的能力和适应性,如何描绘让孩子稳稳地立足于社会的蓝图。在这一过程中,家长和其他亲人要比任何人对该障碍有深刻的理解,要知道家人们亲自加入对有障碍的孩子的指导圈子里来会带来巨大的教育效果,给孩子带来莫大的安全感。

但是,虽然三言两语地说了发展障碍,具体它的实际情况是怎样的,而且发展障碍和与其相近的概念之间有什么不一样呢?为了切身地理解它们,让我们通过在家喻户晓的电影和小说的世界中出场的有障碍的孩子的形象来看看它们的特征和不同吧。

小豆豆是学习障碍还是注意欠缺多动性障碍？

黑柳彻子的自传小说《窗边的小豆豆》(讲谈社)给很多学习障碍的人士和他的家人们带来了梦想、希望和勇气。

"你们家的女儿在班里是个麻烦。请让她转学到其他学校。"尽管是小学一年级学生，小豆豆就已经退学了。小豆豆充满了孩子特有的感性，这是她的闪光点。她容易注意力不集中，注意力会立刻转移对自己感兴趣的事物上。如果没有承认并特别重视孩子个性的私立学校——巴学园的话，这样的小豆豆不知道会变成什么样儿。

"你真是一个好孩子。"那个有名的校长小林宗作一见到小豆豆，就会和她说："你真的是个好孩子啊。"如果小豆豆没有遇见那位校长的话会变成什么样儿呢？

黑柳彻子作为联合国的大使奔赴世界各国，她在采访和谜语类电视节目里轻轻松松、能说会道的语言表达，愈发让人感受到她惊人的大脑运转速度。很多人将她的形象与小豆豆合在一起解读。

一系列的小豆豆丛书，给我们展示了学习障碍和注意欠缺多动性障碍的孩子们的形象，丛书生动地描写了这类孩子特有的理解问题的方法、情感、行为方式。我们在丛书中学习到了大千世界里存在着多种多样类型的人是客观现象。这些孩子是充满孩子气的,自己想做什么,想学会什么不愿由大人定夺,他们也能集中精神学习他们感兴趣的事物,发挥杰出才能,我们能认可这样的孩子是非常重要的。

能够用精致的笔触描绘阿米什人世界的画家巴克利·莫斯在与人会谈时说自己小时候算数成绩很差,认为自己是学习障碍。小豆豆是学习障碍兼注意欠缺多动性障碍,但是她智力水平很高,成长为才女后,她作为学习障碍的理想光辉形象,映入了家长们的眼帘。

汤姆·汉克斯主演的《阿甘正传》(罗伯特·泽米基斯导演,1994年,美国)是将一部有点荒诞滑稽的杜撰小说电影化的作品,讲述了一个纯洁的爱情故事,这个故事与"一生只相遇一次"这句话一起风靡全球。

汤姆·汉克斯主演的阿甘IQ稍低。故事设定他是在学校里的学习后进生(不是智力障碍是学习后进生),阿甘认真起来一根筋,想到什么点子就只顾努力,是个肯钻研的狂人。他的勇气和大胆的行为感动了人们。但是,他总是活在自己的价值观世界里,并执着地追求它,不断努力。

阿甘被世人认为笨拙的生活方式,他寻找友情、追求爱情的方法,只会给理解他真实风采的人带来幸福感。他给人的印象虽然是能力发展不均衡,但是他潜在的卓越能力迸发出来时常让周围的人为之惊讶、震撼。

影片虽然没有设定阿甘是学习障碍,但是镜头中的少年阿甘经常被误解成智力障碍,在学校经常受欺负。阿甘独具个性

第3章　学习障碍与注意欠缺多动性障碍的实况和定义

的生活方式,现代人容易迷失的对自己内心的尊重,加上像成功故事这样的大餐,是有着很多在社会上成功的学习障碍人士的美国才有的故事。

暂且不说电影的制作,在以日美开战、袭击珍珠港为题材的电影《珍珠港》(麦克·贝导演,2001年,美国)里也有被称作学习障碍的人物登场。影片讲述了两名在美国陆军航空部队的飞行员之间的友情,他们和一名护士之间萌发的爱情纠缠,后来他们被卷入战争旋涡的故事,作为主角的士兵和护士的初次邂逅就恰恰体现了这一情节。

男主人公在即将成为飞行员,接受眼部检查时,因为不识字儿被护士说了句"请再去学校回炉一遍,然后再来"。男主人公还击说"我不是笨蛋,只是以前就不认字,我的数学和空间认知、运动能力是优秀的。如果不让我合格将会给国家带来巨大损失"。他正是学习障碍里典型的读写障碍。

从阿莱克斯医生那里学习到的学习障碍与注意欠缺多动性障碍的实际情况

由约翰逊·凯勒曼创作的推理小说写到,各种各样的犯罪象征现代美国文明的衰落,它们席卷了美国的孩子,书中的临床心理学医生阿莱克斯医生出色地解决了因此造成的问题。有很多人成为阿莱克斯系列丛书的书迷后而不愿声张。

学习障碍与注意欠缺多动性障碍
LD 与 ADHD

本书作者凯勒曼拥有丰富的医学知识和临床心理学知识、专业性技术，他几乎把自己当成阿莱克斯医生，隐约可以看到他批判了纸上谈兵的学问和权威主义。如果凯勒曼作为临床心理医生（是有博士称号的临床心理医生，在医院里可与医生平等工作的专门职务）成为南加利福尼亚大学医学部的副教授的话是应该得到首肯的。

对专业术语不准确，或者错误的翻译是日美文化和历史的差异所致，这个是没有办法的事。在这套丛书中展开的故事里讲述的学习障碍、注意欠缺多动性障碍的孩子的实际情况，专门的治疗教育和药效与治疗范围等比市场销售的教科书和专业书籍更加具体生动，有知识性。

在1986年获得美国侦探作家最优秀新人奖的处女作《大树枝折断的时候》（北村太郎译，扶桑社）中，母亲和阿莱克斯谈话时，有一段对注意欠缺多动性障碍的多动症症状进行说明的部分（作者认为明显翻译错误的部分用线条修改了）。

"因为他不能安静下来，心不在焉，校方经常向我提出对他的不满。我们带他看医生了。医生说是<u>脑活动异常</u>（过于兴奋）。脑的某个部位有异常。"

"是<u>多动症</u>（过度兴奋）吗？"

（中间部分省略）

作者理解以上内容后阅读了书中医生开药的标签。利他林、盐酸哌醋甲酯都是强力的中枢神经兴奋剂（amphetamine），对成人有兴奋作用，对孩子是镇静剂。这些是在这个国家被广

第3章 学习障碍与注意欠缺多动性障碍的实况和定义

泛使用的处方药。

接下来,是对学习障碍普通班级(resource room)教师的记录。

"……这位教师有着惊人的指导才能,这样的人真的是少啊。她指导学习障碍的班级。"

所谓学习障碍,即没有<u>智力发展迟缓</u>,在正规班级里无法正常学习的孩子们。在学习障碍的孩子里面,包含聪明但是认知方面有问题的孩子、情绪处理有困难的孩子和读写有障碍的孩子。在这样的班级里教学是<u>相当</u>有难度的。是挫折聚集不断,还是挑战精神被激发,这些因教师的热情、体力与才能而不同。

在《边缘人》(北村太郎译,扶桑社)里,也出现了训练指导注意欠缺多动性障碍的孩子 self control(行为方面的自我控制力)的情节。

"……火车响起'呜'的一声,驶离了轨道。少年瞪着眼睛看着火车离开微微一笑。很快他的注意力就分散了,不再正视前方,扭来扭去地晃动着身体。"

(中间部分省略)

"少年58%的时间是无法集中注意力的。"

"那个孩子是<u>注意欠缺</u>(attention deficit)吗?"

"他的症状很严重啊。他第一次来这里的时候,就东转西转的,特别是一刻也不能安静。那孩子的母亲总是批评他啊……"

在《少女霍丽充满的愤怒》(北泽和彦译,新潮文库)一书里有一个情节是少年马特整了个大大的恶作剧,他弄坏了校长的小汽车,校长在马特父母的面前为了教育马特决定惩罚他。

母亲说:"我的孩子说他不喜欢学习。"

"让你的孩子 2 点半前到我的学校里来。我希望他来帮忙。"

"让他来做什么?"

"就是来帮忙。可能会让他擦掉那天墙壁上留下的涂鸦,也可能让他第二天去复印,或者让他写篇作文。"

少年一听让他写作文就往后退了一步。

"马特讨厌写作文吗?"

"这个孩子是有问题的。"少年的母亲说道,"他是阅读困难症(Dyslexia)。"

在介绍阿莱克斯医生系列丛书的最后,给大家回顾一下在《错误的爱》(北泽和彦译,新潮文库)里出现的学习障碍女性接受的不恰当的指导。

"……她是学习障碍,有六七、七年左右她被送往圣巴巴拉市的矫正学校。现在她应该有二十八九岁吧。"

(中间部分省略)

"那是一个私人集会。"

"因为那真是一个私人集会……讲到这里时,那个家伙发表了一个演说。我认为谁也不希望别人把自己的自尊心撕得粉碎。……因为我 13 岁时不会认字,自尊心就已经被践踏得千疮

第3章 学习障碍与注意欠缺多动性障碍的实况和定义

百孔了呢。大家都责怪我,我责怪我自己……姐姐们的成绩都是 A 啊。我的成绩是 D。我是早产儿呢。妈妈生我的时候是难产呢。可能是影响到脑了吧……我有读写障碍,也有其他方面的问题……"

说到 1976—1977 年,是学习障碍刚刚在公办教育中被正式承认的时候。在这样的背景下,本书生动地描写了有学习障碍的学生因不被周围的人理解而心灵受到伤害的情形。

虽然不是阿莱克斯医生系列丛书,在同样是凯勒曼创作的悬念小说《杀人剧场》(北村太郎译,新潮文库)里也出现了颇有意思的人物。书中有个精明强悍的警官沙拉比,他有个部下叫科恩,科恩有作为侦探的感觉和能力,写报告水平很差……

科恩被沙拉比吩咐要完全像秘书那样总结报告的终稿,一想到又要被文字的洪水吞没,科恩的膝盖一下子没了力气,但是从他自己的嘴里一下子蹦出的话连他自己都惊愕了。

"警官,我不会写。"

"你说你不会写,你不会写什么?"

"我什么都不会写。要不我不干警察了。"其实科恩就是不假思索,大胆地说出来的,尽管他心中并没有决定。

(中间部分省略)

"你是因为读写障碍的原因吗?"

沙拉比警官是清楚科恩的情况的。科恩阅读时要花费很大工夫,自己读到哪里了马上就不知道了,他要再一次从头开始阅读,并且科恩还有学习障碍的其他症状。

沙拉比耸了耸肩："我不想说服你。这是你的人生。但是，再稍微看看情况再说好吗？我很熟悉你的情况，今后我不让你做文案工作了啊，我让你干些体力方面的工作。"沙拉比微笑了下，又加了句，"当然这是如果你有体力的话。"

沙拉比警官可能是学习障碍的人最想遇到的上司。

《不一样的天空》里的智力障碍

轻度的智力障碍与学习障碍的界限是微妙的。如果说普遍而且全面的认知发展迟缓是智力障碍的特征的话，部分的认知发展迟缓和不平衡带来知识掌握的困难就是学习障碍。当然智力障碍也显示了有障碍的孩子在认知方面的不平衡。

可以说支援的重中之重是确定把视点放在认知发展完全迟缓的孩子身上还是放在认知发展不平衡的孩子身上。家长容易将重点放在孩子的诊断名称是学习障碍还是智力障碍，两者之间的界限有连续性，而重要的是把握对个别孩子支援的内容和量。同时，家长要理解孩子的情况，不断学习与人交往的方法。

对于喜欢电影的人来说，有一部虽质朴但让人难以忘怀的电影《不一样的天空》（莱塞·霍尔斯道姆导演，1993年，美国）。与扮演哥哥吉尔伯特的主演约翰尼·德普相比，扮演有智障的弟弟阿尼一角的莱昂纳多·迪卡普里奥更加引人注目。不管怎

第 3 章　学习障碍与注意欠缺多动性障碍的实况和定义

么说阿尼那种自然的形象让人目不转睛。

当人们看见开头的一幕,天真地与虫子嬉戏的阿尼时,肯定有人没注意到那个有智力障碍的少年是迪卡普里奥扮演的吧。电影里的阿尼真实地表达欣喜与恐惧之情,随性地追求梦想并付诸行动,他的哥哥吉尔伯特因此被他折腾。虽然阿尼在智力方面理解力发展迟缓,但他的单纯折服众人。不论谁的童年都曾单纯过,这是很多人作为长大成人后的代价失去或者丢弃的重要的本心。

内心和行为分别反映事物的内在与外在,也是人的两大组成部分。在营造社会生活时,无论如何都要注重行为时,寻求内心的回归就会成为这两者间的重心,人的内心就会开始涌动一股力量,偏向这个重心。这并不是说了解智力障碍只掌握检测行为计量值的 IQ 就好,而重要的是借助智力障碍人士的形象铸成一面镜子,映照出人的本心。

阿尼被设定是中度智力障碍,影片通过他的形象,由格拉普一家详细地告诉了我们对日常生活中智力障碍的理解,他们在家人中的存在以及家人之间的羁绊。要扮演有障碍的人就必须成为有障碍的人。正因为是这样,对演员来说阿尼这一角色无疑是有意义的。就是在这部作品里年轻的迪卡普里奥的非凡才能通过智力障碍的角色发挥得淋漓尽致。

还有一部由障碍人士本人出演的电影。让作者印象颇深的电影《第八日》(雅克·范·多梅尔导演,1996 年,比利时与法国合作制作)描绘职场精英与有智力障碍的青年,影片将两者进行对比，描写了他们内心的交流。

工作狂阿里（丹尼尔·奥图出演）被妻子讨厌，青年乔治（帕斯卡·杜奎奈出演）患有常见临床病类型的唐氏综合征，一个偶然的机会，阿里遇到了乔治。乔治逃出福利院踏上了去寻找母亲的旅途，阿里陪同乔治一同前往，但是乔治的母亲已经去世了。

与有着如此遭遇的乔治共处时，阿里的内心深处已经遗忘的人性复苏了。随着乔治悲伤离世，阿里体会到活着的重要并回到了家人的身边。乔治的形象与为了赎罪被钉在十字架上的耶稣相似。

神在七天内创造了世界，乔治给人们带来了特别的礼物——第八天。有智力障碍的乔治纯洁无邪，通过他的形象告诉我们与出人头地相比，对家人的爱更重要。

扮演乔治的帕斯卡·杜奎奈虽然在现实中是唐氏综合征，但他的演艺生涯被大力宣传报道。他饰演的角色是轻度的智力障碍，他那轻松自如、感性丰富的演技告诉我们人是有无限发展的可能性的。

智力障碍有各种各样的程度。山田洋次导演的电影《学校Ⅱ》（1996年）让我们再次考虑智力发展的迟缓程度所具有的意义，这部电影因混混寅次郎而成名。

山田洋次导演的学校系列的第二弹，是以北海道的特殊学校高中部为舞台的电视剧，讲述高中三年以来孩子与老师之间发生的故事。西田敏行、石田亚由美、永濑正敏等扮演特殊学校

第3章 学习障碍与注意欠缺多动性障碍的实况和定义

的教师,吉冈秀隆从他的代表作《来自北国》里的少年"纯"摇身一变,变成轻度智力障碍的学生"高志"。在这部电影里,有几个学生由现实生活中有智力障碍的人出演。

用左手吃饭、说话方式、行为……吉冈通过高志这一角色让我们看到了那高超的演技不亚于《不一样的天空》中的迪卡普里奥,他的表演没有让我们感觉到有任何不自然。

因为高志是轻度的智力障碍,反倒不被世人理解,他在工作实习时经历了困难与挫折。正是因为高志知晓周围的人对他的期待,他在残酷的社会壁垒面前突然冒出一句牢骚:"我要是再笨一点儿的话就没有烦恼了。"

这个情节给我们的印象是高志时常感到自己的能力与学校和社会要求的能力有差距,为此他经常烦恼,即使在接受学习障碍的指导时他也时常感受到这一点。智力到底是什么?他愈发认识到自己思考问题的能力有限。行走在危险的山路上,究竟是看见山好还是不看见山好呢?

在对具有中重度智力障碍的学生"祐矢"(神户浩饰演)进行类似格斗的指导时,永濑郑敏饰演遭受挫折的新教师"大辅"。在看到老教师龙老师(西田敏行饰演)、副班主任玲子(石田阿由美饰演)与孩子视线的接触方法时,他渐渐知道了祐矢每一个像动物一样的攻击性行为都有他自身的缘由。我们从渐渐成长的"大辅"教师的形象也能学到很多东西。

在理解智力障碍时作者一定要列举的小说是丹尼尔·凯斯创作的小说《献给阿尔吉侬的花束》(小尾芙佐译,早川书斋)。

这是一部科幻小说。小说讲述了青年查理·高登有智力障碍，他接受了划时代的脑外科手术，IQ 上升到了天才级别，然后又回到原来状态的故事。通过这一变化，查理·高登上演了一部本人与周围人之间展开的人物剧。

故事是以查理的报告展开的，这篇报告是日记风格的。小说从"进展报告1"开始，以查理独白的形式描述了究竟才华出众的自己是被如何对待的，小说中他看穿了研究员尼玛的伪善。他在报告中写道：

"如果不理解精神薄弱者（作者注：以前对有智力障碍的人的叫法）也是有感情的这一点，就会犯和看见他们就会嘲笑他们的人一样的错误，尼玛也犯有同样错误。我来这里之前他没有认识到我是一个人。"

"我在学习抑制愤怒，不急不躁和等待。我想我在不断成长。斗转星移，我清楚地了解了自己。记忆，像微波涟漪一样开始复苏，现在像愤怒的波涛一样席卷了我……"

给查理做外科手术前，使用了一只叫作阿尔吉侬的小家鼠为先导试验的对象。这只天才小鼠阿尔吉侬智商高到了极点造成行为方面的不合常理。正是因为这样，查理可以预见自己的未来……

被人为诱发的智商会与它的提高量成正比高速降低。

这个残酷的变化让查理对恋人爱丽丝产生了深深的思念，也因此带来了分别。

以下是查理再一次下决心回到特殊学校时写的最后的

报告：

"再启。请转告尼玛教授：即使我和爱人分手了，没了朋友，请不要破坏我的心情；即使我被人嘲笑了，再找朋友还是容易的。我打算在我所到之处找一大堆朋友。"

"再启。如果方便的话请为我在阿尔吉侬的墓前献上一束鲜花如何？"

查理和尼玛教授之间围绕智力问题产生了各种各样的隔阂，这是一部敏锐地捕捉到人物内心变化的杰作。周围的人应该用怎样的目光看待智力障碍，他们自身该如何接受周围的人？理解他人的本质是什么？深信自己是健全人的我们能理解作者想传递的信息吗？

这是一部杰作，有人让该书作者再写一篇如此出色的作品。

雨人与高功能自闭症

从智力发展方面来说，自闭症广泛分布在从重度的智力障碍人群，到与学习障碍相同、智力完全正常的人群中。其中高功能自闭症的典型临床症状被诊断为虽然有智力发展不平衡，但是没有完全发展不平衡。

在《雨人》这部影片中，达斯汀·霍夫曼饰演患有自闭症的哥哥雷蒙，汤姆·克鲁斯饰演精明能干，从事汽车销售行业的弟弟查理，兄弟俩长大成人后再次相见。据说汤姆·克鲁斯自己承认自己是有阅读方面问题的学习障碍,在这部电影作品《雨人》(巴里·莱文森导演,1988年,美国)中饰演角色后产生了特别的回忆。

弟弟查理第一次去雷蒙所在的福利设施和哥哥见面。当查理看到也不和自己打招呼,突然嘟囔起小汽车数据的哥哥的样子时,查理无法理解眼前的一幕,惊呆了。福利设施的职员和他解释说:

"你哥哥是自闭症。"

"是精神发展迟缓吗?"

"不,你哥哥智力发展不迟缓,他是高功能自闭症。"

查理在带雷蒙出去旅行的过程中渐渐知道了典型的自闭症的行为特征。雷蒙在生活方面展现了他独一无二之处——让人震惊的记忆力。最后查理在赌场纸牌游戏中利用了雷蒙这一神奇的力量。

随着情绪从暂时的兴奋到逐渐的平静,以自我为中心,有着利己主义生活方式的查理对家人间的手足之情慢慢苏醒了。终于查理能从患有高功能自闭症的雷蒙的角度认真考虑适合雷蒙的生活理想状态。

饰演雷蒙一角的达斯汀·霍夫曼不单是模仿自闭症,本着不理解自闭症的本质就不能演好角色的想法,他凭着逼真的演技获得了美国电影学院奖。

电影《美丽心灵》(朗·霍华德导演,2002年,美国)讲述获得诺贝尔奖的天才数学家约翰·福布斯·纳什的半个人生,他

第3章 学习障碍与注意欠缺多动性障碍的实况和定义

天才大脑的闪光点与社会能力的低下形成鲜明对比,这部电影是由罗素·克劳演绎的传记。

阿斯伯格症是一种高功能自闭症,它不会让人感觉到语言能力有问题,但两者之间有明显的区别,约翰·福布斯·纳什被一眼认作阿斯伯格症。最后他被诊断为精神分裂症。

精神分裂症的典型症状是妄想、幻觉、不合逻辑的思考、逃避现实、异常的会话与行为等。这部作品也讲述了约翰·福布斯·纳什与难以理解的幻觉和妄想的斗争,这个斗争成了他理解自己病症和回归社会的关键。

如果说数学天才的话,作者想起《心灵捕手》(格斯·范·桑德导演,1997年,美国)这部电影。电影讲述了青年威尔(马特·达蒙饰演)在麻省理工学院(MIT)打工做清洁工,因为他时常解答出张贴在走廊里的高难度数学题,他被任命为数学教授,展开了宏伟人生的画卷的故事。青年威尔在出人头地面前,选择了和恋人在一起共享幸福。他的情况既不是高功能自闭症也不是精神分裂症,而是与学习障碍非常接近。或许说他是爱因斯坦型比较合适吧。

著名演员罗宾·威廉斯经常在这类电影里扮演医生和教师角色,在《心灵捕手》这部作品里,饰演负责心理疗法方面的心理医生桑恩,他受到教授的委托对威尔进行心理辅导。罗宾·威廉斯在美国是众所周知的学习障碍。在美国,学习障碍是在理解"个性"方面的典范。

这些作品中出现了形形色色具有个性的人,读者有时可以通过障碍人士的形象，从正面探求人生意义，可以说这些都是在我们的心灵深处唱响人间赞歌的作品。很多人求本溯源时会思考超越了差别与同情，人究竟是什么，接近人的本质的行为是什么这样的问题。

我们在与自己完全不同的他们中间，不断寻找自己的答案。所幸我们恰恰能够通过障碍人士理解人性和个性。

从定义看发展障碍

我们从电影和小说的世界里接触到了学习障碍，与其相近的各种各样的发展障碍的人物形象。作者就此介绍一下这些发展障碍的定义和理解的要点吧。

首先学习障碍的定义是在 1999 年，由日本文部省（现在的文部科学省）召开的有关学习障碍的调查研究合作者会议上发布的。

这个对学习障碍的定义的依据是世界范围内研究学习障碍的学者、学术团体普遍支持的全美学习障碍合同委员会（NJCLD）制订的定义拟定的草稿，一般称之为教育方面的定义。

第 3 章　学习障碍与注意欠缺多动性障碍的实况和定义

> 所谓学习障碍是指基本上不伴有全面的智力发展迟缓，在听、说、阅读、书写、计算或推理方面的能力中，在特定知识的掌握和使用方面呈现显著困难的情况。
>
> 据推断，学习障碍产生的原因是中枢神经系统有某种功能障碍，视觉障碍、听觉障碍、智力障碍、情绪障碍等障碍和环境因素不是其产生的直接原因。

听、说这两项与口语相关的学习困难包含在学习障碍的范畴里，与医学上的定义多少有些不同。医学上的定义依据的是具有代表性的美国精神医学会的诊断手册 DSM－IV（1994年），只限定为读、写、算方面特殊的学习困难。

在日本的教育定义里，一开头就强调"基本上不是全面的智力发展迟缓"，首先明确强调学习障碍与智力障碍的区别是这个定义的特征。

对这个定义的解说指出了社会性方面的困难，多动等行为上的困难与学习障碍重复的可能性较高，在指导方面应该注意。

下面，介绍一下文部科学省对注意欠缺多动性障碍的定义吧。这是 2002 年在有关特别支援教育的调查研究合作者会议上归纳总结的定义。

学习障碍与注意欠缺多动性障碍
LD 与 ADHD

> 所谓注意欠缺多动性障碍是指注意力与年龄或成长发育不符,以及以冲动性、多动性为特征的行为障碍,会带来社会活动和学习知识应用方面的障碍。
>
> 并且,此情况出现在 7 岁以前,会持续发生,被推断为中枢神经系统由某种因素造成的功能不全。

这一定义是以刚才提到的 DSM-IV 为参考制订的。

注意欠缺多动性障碍是以"注意力不集中""多动性""冲动性"为特征的行为方面的发展障碍,分为显著注意力不集中型、多动性·冲动性显著型、以上两种的混合型三种。

再给大家看一下在介绍"雨人"时出现的高功能自闭症的定义。这一定义也与注意欠缺多动性障碍的定义一样,是在上述提到的调查研究合作者会议上明确提出的定义,来源于 DSM-IV。

> 所谓高功能自闭症是指出现在 3 岁以前,在归类为行为障碍的自闭症当中,具有三个特征:① 与他人的社会关系形成困难,② 语言发展迟缓,③ 兴趣与关注拘泥于狭小特定的事物的特征,不伴有脑功能发展迟缓。
>
> 并且,自闭症被推断为中枢神经系统具有由某种因素造成的功能不全。

自闭症有三方面临床症状:"对他人的反应匮乏,与人交往及社会关系形成困难""语言发展迟缓""兴趣与注意拘泥于有限的特定的事物"。诊断高功能自闭症的条件是除了这些特征以外不伴有智力发展迟缓。

另外,阿斯伯格症候群不伴有智力发展迟缓,而且,在自闭症的特征里,它是对于不伴有语言发展迟缓的一类自闭症制订的医学用语。DSM-IV 在广泛性发展障碍(PDD)中有高功能自闭症和阿斯伯格症候群等的分类。

最后,介绍一下智力障碍的定义。有关智力障碍的定义由具有 100 多年以上历史的美国精神发展迟滞协会(AAMR)制订的定义作为全球标准规范,对医学定义和世界卫生组织(WHO)的障碍分类等产生了影响。日本也是受其影响的国家之一,《学校教育法》对智力障碍定义如下:

> 一、有智力发展迟滞,存在与他人的沟通理解困难,日常生活自理方面有必要频繁接受援助。
> 二、在智力障碍迟滞程度没有达到前项列举的程度的情况中,社会生活适应方面存在显著困难。

作为判断智力障碍的注意事项,要从大脑功能以及适应功能发展状况的两个方面判断。为了判断脑功能发展迟滞,要依据已经标准化的智力检测等进行必要的检查。要对检查对象在与人交流、日常生活、社会生活等方面适应功能的状态展开调查,在对影响其本人发展的环境因素等方面进行分析的基础上做出综合判断。

全球的动向是围绕对智力障碍这一概念的理解,迎来了大

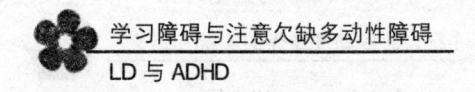

的转换期。例如,WHO在1980年将智力障碍的定义分为三个概念,"形态·器质障碍(impairment)"引起"能力·功能障碍(disability)",进而引起"社会交往方面存在劣势"(handicap)。在2001年的修订中,将智力障碍的定义从以往的"是因为个体的疾病引起的"修订为"个体参加社会活动的范围有限,这个有限的程度由环境因素和个体条件决定"。正是这一变更成为"根据每一个孩子的需要进行支援"这一设想的起源。

必须要深刻思考在理解智力障碍这一概念产生变化后的意义,现在,在判断智力障碍时,要从脑功能以及适应功能的发展情况两方面来判断。

智力障碍是以大脑功能全面发展迟缓为特征的发展障碍,据悉如果将轻度障碍也算在内的话,100个人里有两三个是智力障碍。也就是说智力检测可以推断大脑功能的全貌,问题是智力检测只能测定检测里有的内容。

在诊断学习障碍时经常使用的具有代表性的检查是韦克斯勒智力检测(WISC-Ⅲ),它将智力定义为"有目的地行动,合理地思考,有效率地处理环境的个体综合·总体能力",即为了达到某一目的,运用所有已有的经验,有效、合理、灵活、迅速地采取行动的能力。

不管怎么说,定义是定义,仅凭定义无法清楚地得知人的全部智力。每次重复这些话,反而有时会看不清问题所在。除了学习障碍及与学习障碍相近的障碍是与个体发展相关的障碍这一共通点之外,所有孩子在智力发展的其他方面都是一视同

第3章 学习障碍与注意欠缺多动性障碍的实况和定义

仁的。

　　智力障碍的定义和诊断基准是为了我们的理解而备用的，无非在概念上做个区分。这个区分是展开新的治疗和有效指导的前提，但人们寻求的不仅是诊断名，我们不该忘记人们最想寻求的是"适合每一个孩子的需要的支援"。

第4章 为什么会成为学习障碍与注意欠缺多动性障碍

性别差异的秘密

据悉,无论是在学习障碍,还是注意欠缺多动性障碍,又或是自闭症当中,男孩子的数量要多些。有以上障碍的男孩子的数量是女孩子的几倍。有报告说,学习障碍等的男女比率是4:1,自闭症等障碍的男女比率是10:1。之前提到的日本文部科学省进行的实况调查中,学习与行为的某一方面或者两方面都有显著困难的中小学生在全体中小学生中(6.3%)所占的男女比率是2.4:1。

这一显著的差异是无法用后天环境论来说明白的。在这一理论里提到,因为社会对男孩的期待程度高,所以男孩受世人瞩目。与其这样说,还不如认识到男女在生物学方面具有决定性的差异这一点才是恰当的。

据统计说男孩子的出生率比女孩子多1%～2%。就像很

第4章 为什么会成为学习障碍与注意欠缺多动性障碍

多育儿书籍中写到的自古以来男孩子就是在幼儿时期养育起来比较麻烦,实际上既有养育过男孩经验,又有养育过女孩经验的父母谁都有这个感觉吧。这或许就是因为在儿童时期男孩子的死亡率稍高,在成年期男女的比率才首次能达到持平吧。而虽说是男性社会,或许是男性占优势,但到了晚年,女性的生命力完全超过男性。

日本人的平均寿命在世界上是最高的,男子的平均寿命是77岁,女子的平均寿命是84岁,比男子高出7岁。这样的倾向即使看看联合国的人口统计报告在世界各国范围内都是共通的,俄罗斯女性与男性平均寿命的差是13岁,这个数值位居世界第一位,其他国家一般女子比男子的平均寿命高出4～7岁,通过这些数据男子应该深刻体会到男女在生物学方面的差异了吧。

让我们从生物学的观点再一次看一下人类吧。据说居住在地球上的哺乳类动物大约有4 000种。根据生活方式不同,它们的体形也各不相同,雄性动物的共通之处是都有乳头。没有乳头的哺乳类动物只是像袋鼠一样的有袋类,就是腹部没有育儿袋的有袋类哺乳动物也没有乳头。这应该是完全退化了。

但是,为什么雄性哺乳类动物会有乳头呢,准确地说应该是乳头的痕迹吧。曾经有一位高中的生物教师这样解释:"原本世界上女性是基本形,男性仅仅为了繁衍后代而存在。我们看看蜂类和蚁类的世界就该知道了。"

确实,我们都熟知女王蜂的生存情况,雄蜂或雄蚁的存在并不受重视。女王蜂为了蜜月高高飞翔在天空中,然后,大量雄蜂蜂拥而至,只为了整个生命中唯一的一个大显身手的舞台。最后会有一只雄蜂凭着强势和幸运被女王蜂宠幸,但是此后它们就曲终人散。即使雄蜂帮忙育儿,它也不会得到和女王蜂婚配的位置,它们的关系就此完结。这实在是变幻无常的"男人的一生"。

直接拿昆虫的世界来说明人是有点儿草率,但是这是一个格外有说服力的话题。在圣经中,记载了神灵首先创造了亚当,然后用亚当的肋骨创造了夏娃,但其实是女性先产生,男性在其后产生。虽然这也只是神话,男女的性,即 Gender 的差异有着非常深奥的含义。

从学习障碍与注意欠缺多动性障碍的发生率看出的性别差异也肯定具有与发展障碍的原因密切相关的意义。可以确定的是女性在生物学角度进化程度较高。大概是男性的身体内部具有某种脆弱性。如果不是这样,就无法说明为什么男孩子中的学习障碍和注意欠缺多动性障碍多出女孩子两三倍。

男性与女性的差异

让我们再看看男性与女性的差异。在被称作男女共同营造的社会中,有人断言男性是比女性优秀的存在,这样的人应该是相当不熟悉人类历史,或是将相对于女性的劣势隐藏起来的男

第4章 为什么会成为学习障碍与注意欠缺多动性障碍

性吧。

我们看看在日本公元3世纪前后,邪马台国的女王卑弥呼就能知道,在原始社会巫术大盛其行,即使从土木偶大多仿照女性的形象也可以看出女性的地位相当高。

从飞鸟时期到奈良时期,日本女帝层出不穷。那段时期也是"女帝的世纪"。日本最初的女帝推古天皇与摄政的圣德太子同样名垂青史,接下来是皇极·齐明帝、持统帝、元明帝、元正帝,然后相继是孝谦·称德帝,然后是两个两次承担繁重任务的女帝。这不正反映了女系氏族的光辉灿烂吗?

至少在古代日本,贵族社会和农业社会女性的地位多少不一样。日本仿照中国,开创了以男性为中心的社会。即使是这样,像夫妻分开居住这样女性的独立自由性被保留下来,女性的财产继承权也被社会认可。

在农业社会,女性劳动力的价值较高,女性在经济方面的独立性也在某种程度上被保留下来。但是,到了中世纪,步入了武士道社会,确立了以武力为基础的武士家庭中女性的地位低下,特别是儒教的普及和家长制作为男尊女卑的价值观被普及。

即使到了近代,长子继承家族产业的时代对女性来说是无以言喻的黑暗,从人权的角度来看那就是一个黑暗的时代。但是,在第二次世界大战以后,随着新民法的诞生,长子继承制被废除,男女平等在真正意义上得到发展,随着女性不断走向社会,男女平等的情况发生了变化。

随着小型家庭化的产生,几代同居的"海螺小姐"式的家庭的确减少了。现在,也有不少父母认为不用由自己的儿媳妇,而是由自己的女儿来养老是比较理想的。在文献和家族的记载上也没有了男女之别,用"子"这样的写法,从这里也可以窥见少子化发展的一个原因。长子已经不是特别的存在,一个家庭一般现在也不会认为家里只有女孩是家庭的毁灭。

通过以上内容我们可以看到,男女社会地位关系的变迁也说明了男女在生物学方面的差异。让我们回到男女性别差异。的确,男性与女性在体格、肌肉力量等身体条件方面会有不同,可以说在注意力保持等方面女性具有优势。在心理学的世界里,至今阐述男女性别差异的很多学说可以说近乎神话。经证明普遍被信任的血型和性格等基本也与男女性别差异无关。

至少,在儿童期女孩子的语言能力的发展是领先的。女孩子的数学能力比男孩子率先迎来发展平稳期,女孩子大多在空间认知能力方面比男孩子稍有劣势。

近年来,有关脑功能方面的研究也不断进步,表4-1将男女性别差异的特征归纳如下:

第4章 为什么会成为学习障碍与注意欠缺多动性障碍

表4-1 从脑功能看出的男女特征

男	女
右半球（空间认知功能）的发育好	左半球（语言、情感功能）的发育好
因为男性的脑与女性的脑相比，是有限地运转，易产生某种特殊的功能，男性的脑易产生能力不均衡	女性的脑与男性的脑相比，左右半球的联结较好（胼胝体粗），使用全脑运作能效高，易显示均衡的能力
擅长需要空间认知能力的看地图和找路、智力测验题等，数学逻辑问题的解决（不是运算能力）和视觉、空间、定量操作较强	感知情感、文脉、微妙情况变化的能力较强，语言表现等语言能力普遍较强
攻击性、冒险性显著	戒心、感受性强

为什么会产生这样的差别呢？也有一种说法是太古时期，村落形成后，人们是集体生活，男人外出狩猎，女性在村落里照看小孩和在附近采集野菜及树上的果实，两者生活习惯的不同留下了痕迹，这一点不是臆测出来的。男女个体差异也很大，应该避免刻板地指摘男性与女性。

如果把了解学习障碍与注意欠缺多动性障碍的基础视为个性理解的话，探明这样的男女性别差异发生原因也是个性理解的原点。

探索学习障碍与注意欠缺多动性障碍产生的原因

如定义所述，不管是学习障碍、注意欠缺多动性障碍，还是高功能自闭症,其背景都是推断为由于中枢神经系统某种因素产生的功能不全。学习障碍中的学习困难和相关障碍问题发生的机构如图4-1所示,是由于中枢神经系统有某种功能障碍,造成了认知过程的特殊障碍,从而对基础学习能力产生影响,然后表现在课程学习方面有困难,进而波及、派生出来社会性和情绪、行为方面的问题。

```
┌─────────────────────────────────────┐
│   某种中枢神经系统(CNS)的功能障碍    │
└─────────────────────────────────────┘
                 ↓
┌─────────────────────────────────────┐
│        认知(信息处理)过程异常的障碍  │
└─────────────────────────────────────┘
   听觉处理 / 视觉处理 / 知觉运动 / 注意 / 记忆 / 元认知等
                 ↓
┌─────────────────────────────────────┐
│     基础学习能力异常造成的知识掌握困难 │
└─────────────────────────────────────┘
            听 / 说 / 读 / 写 / 计算 / 推理等
                 ↓
┌─────────────────────────────────────┐
│     学科学习能力异常造成的学习困难    │
│        社会性·情绪·行为方面的问题    │
└─────────────────────────────────────┘
```

图4-1　LD中的学习困难及与之关联的诸多问题的发生结构
(上野一彦、牟田悦子、小贯悟,2001)

这里所说的中枢神经系统是脑、脊髓的总称,正是因为人在所有动物当中具有高度发达的脑,从受精、细胞分裂然后到作为超过60兆的细胞集合体构成一个有机体,拥有完整的功能,近乎人类自身的奇迹。

第4章 为什么会成为学习障碍与注意欠缺多动性障碍

仅是中枢神经系统,作为细胞集合体基干的指令系统,就有1 000亿到2 000亿个细胞。经推断,其中大脑皮层的神经细胞从100亿到180亿左右呈不规则分布。从受精到胎儿出生,再经幼儿期的成长发育过程,从这些仅有的神经细胞不承受任何负担、不受任何影响地成长这一点来说,外界环境充满了危险的刺激,被负面的因素笼罩。

食品添加剂、药品、大气中含有的有害物质、尼古丁、酒精等不管是哪个都是胎儿和幼儿需要避开的。有报告说被环境荷尔蒙污染的野生鸟孵化失败的幼鸟脑部有异常。在实验用的小白鼠的胎儿期,小白鼠被投放一种叫作PCB的环境荷尔蒙后甲状腺激素分泌会降低,造成小白鼠大脑发育异常。

虽然还没有得到充分验证,证明甲状腺激素低下的小白鼠个体内部会呈现注意欠缺多动性障碍的行为,虽然由于这样的环境荷尔蒙造成的胎内污染会造成脑功能异常,这一因果关系是间接推断出来的证据,但也应该是对人类的严重警告吧。

神经科医生原仁对学习障碍与注意欠缺多动性障碍产生的背景列举了三个因素。第一,因头部的外伤、癫痫或者头部放射性治疗的影响等及某种轻微脑功能失调所带来的影响。第二,因新生儿超低体重等造成的大脑发育不成熟所带来的影响。第三,家族遗传性,即由家族遗传的因素产生的。

精神科医生山崎晃资也在临床上推断学习障碍与注意欠缺多动性障碍与遗传方面的因素、围产期障碍(胎儿期或新生儿出生时产生的障碍)、环境方面的因素以及身体方面的因素(代谢

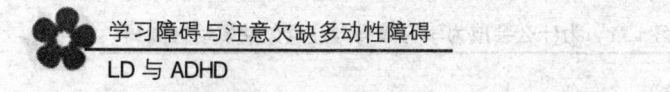

障碍和荷尔蒙的分泌障碍等)有较为复杂的联系。

人体的头颅是在柔软而易受伤的脑外部覆盖了坚硬的头盖骨。举例来说,就好像饭盒里放了一块豆腐一样,如果饭盒从高处坠落,里面的豆腐会怎样呢?即使饭盒不破豆腐也会晃晃悠悠的吧。

医生在胎儿出生时为了不给孩子的脑部造成负担理当竭尽全力,在幼儿期注意不给孩子头部造成重大撞击也是大人们的责任。有些是孩子从自行车上摔下来,或是爬到装货台面上后被砸到造成头部严重损伤;有些则不是外伤,高热也会造成脑损伤。

新生儿的体重在2 500克～4 000克的称为标准体重,不满2 500克称为低出生体重,不满1 500克称为极低出生体重,不满1 000克称为超低出生体重。最近有报道说,岂止出生体重是1 000克的新生儿,就连出生体重为500克左右的,也就是超极低体重的新生儿也能被成功育活。但是这种情况的新生儿,在其成长发育方面某种障碍的危险系数较高,这其中不乏高危宝宝的案例。

并且,有很多研究人员估计学习障碍与注意欠缺多动性障碍产生的背景受到某种遗传因素的影响。向孩子父母说明这种遗传因素的时候,必须充分考虑他们的理解能力,要注意谈话的时机以及不要让他们产生误解,须思考如何向孩子父母慎重地说明情况。遗传这一词汇对人的情绪等有着重大影响,会让孩子的父母感觉到不必要的压力,会因胡思乱想带来罪恶感。

第4章　为什么会成为学习障碍与注意欠缺多动性障碍

就像孩子和父母的样子相像一样,可确信因为遗传物质的存在,孩子和孩子父母脑功能的特征可能存在相似性。作者在与有学习障碍和注意欠缺多动性障碍的孩子面谈时,经常能听到孩子的父母说自己小的时候也有同样的行为倾向。

究其原因,近年来医学领域的研究不断取得突飞猛进的进展。有报告说注意欠缺多动性障碍的孩子前头叶和侧头叶的记忆中枢功能低,小脑形成等情况不好等,这一结果作为特有的见解并未被认可。在染色体和遗传因子方面的研究也没有这方面的定论。只是可以确定,学习障碍儿童的认知特性以及注意欠缺多动性障碍儿童的多动倾向、行为的活泼程度等因素在家族中出现的频率较高。

随着计算机解析技术的产生带来显像诊断技术的发展,脑功能在生物学方面的研究有了新的手段,而显像诊断技术成了现代医学中的当红花旦。CT(计算机断层显像)、MRI(磁共振显像法)、fMRI(功能性磁共振显像法)、SPECT(单光子发射计算机化断层显像)、PET(正电子断层显像法)等技术的出现明显实现了从古典解剖观察和脑波分析阶段到将人在进行认知活动时的大脑功能状态实时、清晰处理阶段的飞跃,我们目睹着这一进步。

fMRI的原理是,脑的一部分神经活动增多后几秒钟内脑的血流就会增多,fMRI通过血液中的血红蛋白发生变化监测磁共振信号发生的变化。原封不动地记录和分析脑的血流变化和代谢状态的时代到来了。

学习障碍与注意欠缺多动性障碍
LD 与 ADHD

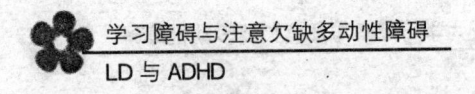

有报告明确表示,学习障碍等儿童在处理特定课题时存在局部脑功能特异性,注意欠缺多动性障碍等儿童存在前头叶功能低的情况,也经常能见到部分小脑形成不良的病例报告。这样的研究也是刚刚开始。

根据 fMRI 监测,在完成语言课题时脑半球的活动状态渐渐被明确,特别是这一技术向记忆与注意、情感领域纵深发展。这样学习障碍和注意欠缺多动性障碍、自闭症等在脑功能运作与差异方面的问题被指出,这方面颇有意思的见解逐渐增多了。随着脑功能研究的不断积累,学习障碍与注意欠缺多动性障碍产生的构造与原因也会被一点一点阐明。

注意欠缺多动性障碍与其治疗药物

从轻微脑功能失调(MBD)这一名称被使用的时代起,对多动的孩子使用利他林(利他林是商品名,正式名称是哌醋甲酯)神话般奏效的病例就广为人知了。

1965 年,在东京召开的国际儿科学会(ICP)上,约翰霍普金斯大学的莱昂·艾森伯格在演讲中表示,对有多动性的儿童使用利他林等药物具有显著效果,这一内容引起了与会者的兴趣。在此之后,日本医学界广泛使用轻微脑功能失调(MBD)这一概念。

利他林的药效是通过双重药检法进行确认的(此检查法为

第4章 为什么会成为学习障碍与注意欠缺多动性障碍

调查药效时,将真药和假药进行对比,发药的医生和用药的儿童都不知道有真假药这回事儿)。在莱昂·艾森伯格的演讲中提到了药检报告说用药儿童的母亲和教师都对孩子行为这一奇迹般的变化感到惊讶。

检测出这一药效可以推测,注意欠缺多动性障碍等发展障碍的儿童大脑内部的神经传导物质多巴胺和去甲肾上腺素的活性化不好。也有医学研究人员提出,自闭症等障碍儿童5-羟色胺的分布异常,使用神经传导物质的前驱物质对治疗自闭症有效果,这一研究成果让媒体大为骚动。

不管怎么说,建议应该对注意欠缺多动性障碍儿童实行药物方面的行为改善和教育方面的指导双管齐下。据观察,行为改善后多动症状的减少、注意力和自身努力的增加、冲动性的减少会让这类孩子的人生态度方面得到改善,如提高这类孩子的自制力,使他们变得守秩序,不懈地努力,身体和语言方面攻击性的减少,并且随着与社会的互动增多会让这类孩子们减少负面行为,增大学习知识的量和提高正确性等。

这样看起来都是好事儿,可是由药物带来的行为改善只是暂时性的变化(药效为几个小时),在这段时间之内让孩子们掌握什么、学习什么是一个课题。也就是说,不应该期待永久持续性的行为改善和学习能力的飞跃式提高。

另外,不管什么药都或多或少地具有副作用。这个药(利他林)也有副作用,它会带来食欲不振,由此造成体重减轻、失眠、头痛、腹痛、困倦、潜在的肝脏障碍、抽搐,为了追求学习效果而产生的心理依赖,也就是所说的利他林中毒者(喜欢使用利他林的人)遭受的影响。最让人担心的就是长期连续使用该药物会造成药物依赖症,但是据说由专业的医生有计划地用药基本不会让人产生这方面的担心。

可是,经常能听说在美国有成群的孩子到学校的保健室索要药物啦,保健室的药柜被盗事件络绎不绝啦,把利他林磨碎了吸食引起事故啦这样的负面报道。

作为处方药,在日本国内利他林是主要被使用的药物,在美国除了使用作为安非他明中的一种——右旋苯异丙胺和阿得拉之外,还使用一种利他林的"缓释剂"(使用特殊的胶囊可长时间保持药效的药),即哌甲酯制剂和苯异妥英(匹莫林)。

利他林作为针对重度抑郁症和嗜睡症(narcolepsy)使用的药物,据说对70%左右的注意欠缺多动性障碍的儿童有效果。除了这些中枢刺激剂之外,孩子冲动性强的话也会将抗癫痫药物得理多(卡马西平片和栓剂)和二丙基醋酸钠作为情感稳定剂使用。

这样一来人们在行为改善方面对药物的期望较大,如何安全并最大限度地发挥药效是依靠医生的水平的,这正是医生要费心考虑的一点。可以说寻找熟悉孩子的临床症状,寻找能够让人深深信赖的医生是孩子父母的重要任务。

孩子的父母一定会问:这样可以信赖的医生在哪里呢?这就带来下面一个现实的问题——医院里虽然挂有儿科的牌子,但是也有人说学习障碍和注意欠缺多动性障碍的孩子症状明显

第4章 为什么会成为学习障碍与注意欠缺多动性障碍

的时候是要挂小儿神经科或儿童精神科的号的。虽说这些科室就近在眼前,肯定有父母并没有去过,在大学附属医院这样的大医院里也会晕头转向。

现在,在日本全国各地一共有50个以上为了这类孩子成立的家长会。如果孩子的父母完全不知道怎样找到可以信赖的医生,从这些地方获取信息也是一个办法。孩子父母咨询了家长会后找到的医生如果能够认真并浅显易懂地说明病情,那不管怎么说这个医生他就是个好医生。

第5章 对学习障碍与注意欠缺多动性障碍的发现与判断

学习障碍打开了特别支援教育的大门

在迎接21世纪到来之际,日本教育界具有象征意义的大事就是"特别支援教育"这一词汇的登场。2001年1月,在省厅再次编制中文部省被更名为文部科学省,文部科学省里的特殊教育课也被更名为特别支援教育课。

"特别支援教育"这一词汇就是在文部科学省召开的调查研究合作者会议上从《关于21世纪特殊教育的理想状态(最终报告)》中被提出来的。

将"特殊教育课"更名为"特别支援教育课"有记载如下:

"特别支援教育课应该积极对待盲、聋、特殊学校、特殊班级的教育以及学习障碍儿童和注意欠缺多动性障碍儿童等,学籍在普通学校的普通班级里,但是有必要进行特别支援教育的中小学生。"

这句话反映了日本的特别支援教育符合世界范围内特别支援教育的动向,为了充实轻度发展障碍的教育阵容,要不仅对学习障碍,还要在整个教育界积极对待在普通学校的普通班级里,如注意欠缺多动性障碍和高功能自闭症等,有着各种各样特别教育支援需要的孩子们这一基本态度。

```
        ┌─────────────────────────────────────┐
        │         特别支援教育                │
        │   ┌──────────────────────────────┐  │
        │   │         特殊教育             │  │
        │   │                              │  │
        │   │ 小学·初中·高中  盲·聋·特殊学校│ │
        │   │ 普通班级指导教室  特殊班级   │  │
        │   │ 特 别 支 援 教 室  特别支援学校│ │
        │   │                              │  │
        │   │ LD·ADHD等                    │  │
        │   └──────────────────────────────┘  │
        └─────────────────────────────────────┘
```

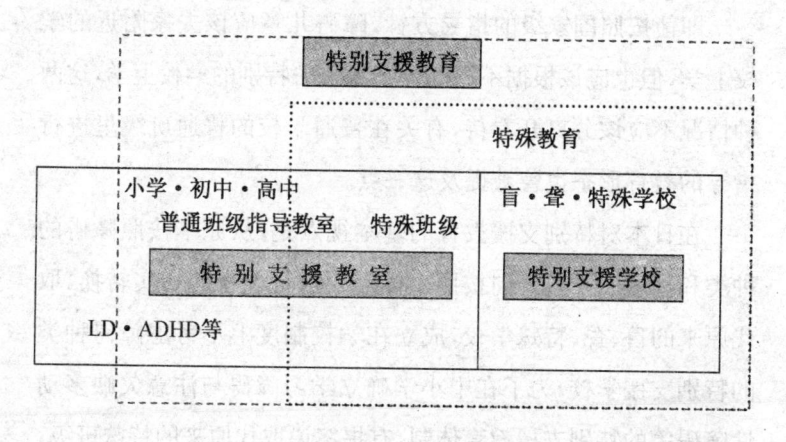

图 5-1　从特殊教育到特别支援教育

这也就是说要重视普通教育和特别教育的连续性,为了将有特别教育需求的孩子们统统包含在内,应该增加支援对象,扩大指导的场地。这一支援范围的扩大由以往的"特殊教育"向以更加广泛的孩子们为对象的"特别支援教育"转换,这扇应该被纪念的历史大门由学习障碍叩响并随之敲开。

这一举动也反映了国际人权思想朝向成熟化发展。1989年在联合国大会总会上被通过的《儿童权利公约》里提到,与人种、性别、财产等并列,禁止歧视人的障碍。这一条约 1994 年在

学习障碍与注意欠缺多动性障碍
LD 与 ADHD

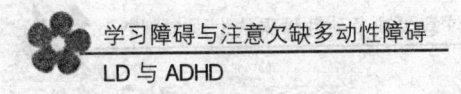

日本被承认并生效。

另外，1994年在联合国教科文组织与西班牙政府共同主办的国际会议上通过的《萨拉曼卡宣言》中提倡，包含明显发育不良和障碍的孩子在内，所有的孩子都应该接受正规的教育，应该开展以儿童为中心的教育。

即使按照国家级的指导方针，障碍儿童应该去家附近的学校上学，但也应该根据不同的个案考虑去特别的学校上学，这两种情况不应该分离开看待，有关在普通学校的普通班级里进行指导的教育形态也曾被提及这一点。

在日本对特别支援教育的基本视点是，从原本按照障碍的种类和程度展开教育向按照个体需要进行教育的切实转换，取代原来的盲、聋、特殊学校，成立在学校制度上不考虑障碍种类的特别支援学校，为了在中小学确立学习障碍与注意欠缺多动性障碍等的特别支援教育体制，有提案说取代原来的特殊班级，设立特别支援教室。

从康复训练到普通班级的指导

在美国，1975年将学习障碍认定为特别支援教育的支援对象之前，每年医院和康复中心要接待数以千计的孩子进行康复训练。现在有接近6%，大约超过250万人的中小学生在学校教育阶段接受个别教育计划(IEP)。

第5章 对学习障碍与注意欠缺多动性障碍的发现与判断

这可以称之为一个神话般的改变——从康复训练到普通班级指导。在日本,从康复训练到普通班级的指导现在刚刚开始。

1990年是日本设定的学习障碍元年,这一年是包含多元意义的一个转折点,是载入史册的一年。

令人感到不可思议的是1990年,在日本的义务教育阶段接受特殊教育的中小学生为0.89%,这是截至当年最低的数字,恰恰在这一年《有关在普通班级实施指导的调查研究合作者会议》报告出台。1993年开始在普通学校的普通班级里实施指导并被制度化,日本中小学生接受特殊教育的数字在缓慢地发生变化,现在虽然只有1.5%,但是这一数字是增加了的。

进而,1999年7月,关于学习障碍的《调查研究合作者会议》的报告出台,2000年"关于把握对学习障碍的判断.实况体制的新模范事业"与1996年实施的巡回咨询事业相辅相成,齐头并进,在日本15个都道府县教育委员会开始实施,特别是2001年这两项活动扩展到全国47个地区。另外,2003年,还开展了不仅针对学习障碍,还包含注意欠缺多动性障碍和高功能自闭症的新模范事业。

从学习障碍作为教育用语的落实,到一系列的模范事业的开展,然后是2002年的日本全国实况调查和特别支援教育具体方针的提出,20世纪70年代美国学习障碍教育的丰富程度的体现,"从康复训练到普通班级的指导"这句话让作者思绪万千。

以往,在学校里,学业方面和各种适应性有障碍的孩子就是会被成长发育方面的问题纠缠,教师十有八九都会对家长说:

学习障碍与注意欠缺多动性障碍
LD 与 ADHD

"去医院看看怎么样啊?""给医生诊断下如何啊?"

教师这样一说反而容易让人感觉到他们在推卸责任,卸下肩上的担子。大约在 20 年前学习障碍尚未普及,有这样一件事:作者去向孩子的班主任说明情况——孩子是因为脑的成长发育迟缓和不均衡才容易产生学习困难。教师回了一句:"太好了!我说怎么教都教不会呢。"

教师就那样规避责任,可能是他也为孩子的学习困难犯愁过,但是他的一句"太好了",作者心头闪过一丝因话语中的疏漏造成的悔恨,教师不应该推卸指导这一类遇到困难的孩子的责任。作者曾经说过为什么不该这么做,如果让教师忘记有困难应该自己解决这一基本点,那就是说明这一问题的人的失败。

对学习困难孩子的指导是教育问题,对注意欠缺多动性障碍孩子的指导,也不应该缺少与医生的合作,它也是教育问题。2000 年开始实施的"关于学习障碍的判断·实况把握体制的新模范事业"的目标是在学校教育中发现、判断、考虑对学习障碍实施适当的教育支援,建立一个连贯性的系统体系。

万能咨询窗口

模范事业中的一项是试成立校内委员会和专家小组(专业委员会)。这一系统是怎样完成的呢?现在,全国范围的模范事业刚刚开始,该组织机构指定都道府县的一个地区建立特别教

第5章 对学习障碍与注意欠缺多动性障碍的发现与判断

育支援系统体系。然而,不在所有市町村实施,也就是说不待发展壮大该事业就无法说是真正的实施。

20世纪的教育行政干预可以说是小心又小心,终于战战兢兢地度过一关,真是有些让人着急,但是到了21世纪,情况应该会有翻天覆地的变化。关于这一变化刚才提到的对学习障碍与注意欠缺多动性障碍等的全国实况调查就是一个很好的证明实例。

显示数值目标是对具体实施政策的赞同。虽然政府方面曾经对呈现数值产生过抵触感和慎重论,但是应该说亲自制定目标,并且为之努力是今后行政干预的模式。如果没有达到目标,与其追求责任,还不如寻求挫折产生的原因,提出下一个恰当的解决策略。

如果政府相关部门从心里感觉到对孩子、对监护人负有责任的话,就不应该为了明哲保身而规避责任,而是要朝着目标不断挑战,切实地努力,这样才会有好的评价。

下面,以学习障碍模范事业中的校内委员会和专家小组为例,介绍一下他们通常应起到的作用和应有的形态。

校内委员会的工作实施是以建立在全校范围内面向孩子的支援体制为前提的。校内委员会的作用是对问题情况的早期发现和正确把握孩子的学情,并且在校内营造对孩子正确的理解氛围并对其进行支援。

校内委员会即使发现和怀疑某个孩子有学习障碍也不应给出确诊和判断。重要的一点是班主任不应该孤军一人承担自己发现的问题并为此烦恼,而是应该把该问题作为整个年级或者全校范围内的课题提出来,集思广益,试着与身边的教师合作,着手从身边就能做起的特别支援教育工作做起,最初的咨询窗口就是在这种情况下成立的。

教师曾经作为地区的指导者对自己的职业自豪感很强。这一传统的自豪感会起到反作用——有可能在发现无法发挥能力的学习障碍儿童和经常妨碍上课的注意欠缺多动性障碍儿童方面反应迟钝。

一定会有教师认为自己的指导能力不够,全力以赴地想解决该问题。但是,当这样的努力怎么也不奏效的时候,教师就可能会把问题归咎于孩子不够努力或家庭教育不好。

教师经常会一个人焦灼不安、闷闷不乐地想:"要是家长能和我合作的话该有多好!"孩子的监护人又在想:"老师有没有好好教啊?"像这样教师和家长之间展开了一场推卸责任的踢皮球游戏。

教师不是在班级里故步自封,而是积累其他教师们的经验和智慧,按照孩子的学习需求合力培养孩子,正是这个"合育"才是教育。在这层含义下,校内委员会必须开设不仅让孩子和监护人放心,还要让教师放心的咨询窗口。

这样,校内委员会就是一个发现问题的委员会,变成了在班级里只要是有关中小学生指导事项无论什么问题都受理的"万能咨询窗口"。这是为了以后把模范事业交给专家小组的准备阶段。

第5章 对学习障碍与注意欠缺多动性障碍的发现与判断

但是在纷繁复杂的校内事物中,为了让校内委员会真正发挥其效力是有两个关键点的。一个是面临校内堆积如山形形色色的问题,要针对需要解决的课题形成窗口统一管理。另外一个是培训和设置在窗口能够相对有效协调解决问题的教师。

在美国,School Psychologist(学校心理士)常驻学校,对孩子是否需要进行特别支援进行判断,制订个别教育计划(IEP),发挥举足轻重的作用。在英国,也有特别教育需要协调员(SENCO)这一职业,在特别支援教育中扮演协调的角色。这类人员对于教师来说恰恰是强有力的支持。

为了提出有益的指导建议

也有地区将专家小组称为专门委员会。专家小组是在征得监护人的同意后,由具有学习障碍方面专业知识的成员组成。

专家小组成员首先是主持工作的教育委员会的教育委员,然后是负责特殊教育的教师,他们在学校里实地考察过学习障碍和注意欠缺多动性障碍,有这方面的知识和指导经验,并且有日常负责指导这些孩子的普通班级教师,还有心理学和医学方面等校外专家。

专门委员会是由教育委员会设立的,相关教育工作者不应该忘记自己是特别支援教育模范事业中的主要角色。专家小组对学习障碍的专业知识来自不同的领域、不同行业的专业知识,不是忽视教育工作者的专业知识。来自校内委员会等机构的教育信息对学习障碍的判断来说是理所当然至关重要的评价信息。

专家小组的基本任务是：① 判断孩子是否有学习障碍；② 为了指导教师设计出理想的教育对策，提供专业性的指导建议。校内委员会原则上不判断孩子是否是学习障碍等，而由专家小组收集各种各样的信息，根据小组内全体成员协商，判断孩子是否是学习障碍。

专家小组从① 智力的评价，② 基础学习能力的评价，③ 医学方面的评价，④ 排除其他障碍和环境因素不是造成学习障碍的直接原因等因素后进行综合判断。

关于孩子的智力水平，专家小组会运用智力检测等心理学方面的手段进行评价分析。关于基础学习能力的评价，对学习障碍定义中的基本范畴——听、说、读、写、计算、推理等方面的评价信息来自校内委员会。排除环境因素，判断孩子的学习障碍是否是因为其中枢神经系统的发育问题造成的，以诊断其是否具有学习障碍和注意欠缺多动性障碍的双重障碍以及界定高功能自闭症等障碍，医生的判定作用较大。除此之外，专家小组要对孩子的家庭环境和学校环境等各种情况进行研讨，判断孩子是否是学习障碍后，专家小组还要给出具体的可实现的教育方面的对策，不如说后者才是专家小组的主要目的。

让我们想象一下如果我们身体健康状况欠佳去看医生的情景吧。我们仅被告知病名，至于医生会如何治疗，用什么处方

第5章　对学习障碍与注意欠缺多动性障碍的发现与判断

药,今后具体的对策等医生一概不告诉我们,直接让我们回家去的话,诊断对于我们患者来说没有任何价值。教育方面的判断也是一样,仅仅给孩子贴上学习障碍、注意欠缺多动性障碍的标签的话,专家小组即使不被人说是"庸医",也会被人说成"伪劣小组"或是"笨蛋小组",那也是没办法的事儿。

孩子和监护人寻求的是对孩子情况有准确的把握,是否有必要对孩子进行特别支援的判断,以及如果孩子有必要接受特别支援教育的话,在哪里接受怎样的支援才有效这些的专业建议。另外,负责任地追踪该建议是否真的奏效也应该列入专家小组的工作范围内。

校内委员会应和专家小组之间建立联系,在学习障碍方面的专家展开的巡回咨询事业中,除了对学校进行日常的专业支援以外,还有待专家小组对校内委员会提出建议后实行效果跟踪,校内委员会对研究新课题的专家小组进行反馈。在学习障碍的模范事业中开展的校内委员会、专家小组、巡回咨询这三个组合,不仅对今后学习障碍的孩子,甚至对所有有必要接受特别教育支援服务的孩子们来说,都是一套应该不断发扬光大的系统教育体系。

对学习障碍的判断和个体内部差异

注意欠缺多动性障碍和自闭症是医学用语,应该由医生对

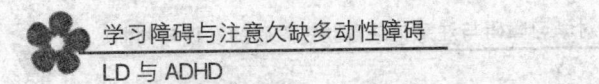

其诊断。学习障碍是教育用语,不应该完全由医生判断。因此专家小组有必要判断出学习障碍。

对学习障碍实现专业判断的依据最重要的信息就是个体内部差异(每一个孩子自身各项能力的差异),如图 5-2 所示,它具有三大类型。

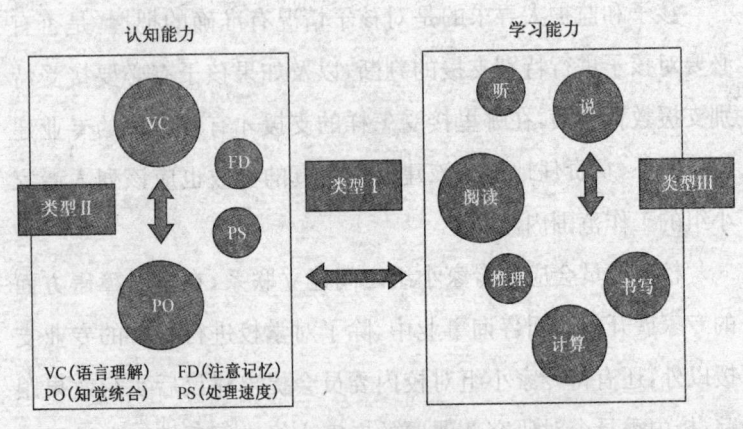

图 5-2 个体内部差异的三大类型图

(认知检测由 WISC-Ⅲ 的 4 个群指数例示。)

第一种类型是学习能力和认知能力(智力)之间发展不平衡。曾经伴随"成就值"这一词汇,教育界经历了"后进生"和"尖子生"这一概念盛行的时代。在这里学习能力是源于智力的期待值,也就是说现在正在从学习能力的高低反映智力高低这一假说转变到侧重于关注推断出的整体智力总和水平与整体学习能力水平之间的差。

和智力水平相比,学习能力的水平处于劣势的话无法充分

第5章 对学习障碍与注意欠缺多动性障碍的发现与判断

在学业方面取得成就,也就是成为所谓的"后进生",与"后进生"相反,学习能力水平较高的学生被称为"尖子生"。于是这两个称呼也成为判断学习障碍的一个线索,研究两者之间大的差距是不断理解中小学生的一个分析手段。

但是无论是智力也好,还是学习能力也好,它们的综合数值容易被替换成一个人所具有的全部价值。IQ 不正是一个可以很好地说明该问题的例子吗?将这两者的总值比较一下是容易的,可是从重视学生个体的特性,也就是说从重视对单个学生的教育这一点来说这两个数值所代表的概念都是有些粗略的。

理解被称作是学业相对不振的所谓"后进生"与理解学习障碍的概念略微相似。然而这个个体内部差异的类型Ⅰ是从智力水平不低,但是学习能力处于劣势的孩子的角度出发的,可用于学习障碍早期发现方面最初的觉察。

第二种类型是智力检测和认知检测的分检测之间的差异。被誉为"学习障碍概念之父"的科克提案的 ITPA(伊利诺伊语言学习能力诊断检查)作为一项心理检查被开发,旨在测定个体认知能力方面的内部差异。

日本经常使用的对学习障碍的诊断检查是韦克斯勒智力检测(WISC-Ⅲ)和考夫曼的认知能力检测(K-ABC)。两者都是作为能够测定个体内部差异的心理检测,受到很高的评价。

其中具有 50 多年历史的韦克斯勒智力检测历经多次改订,这一检测的基本意图就是推断语言性智力(主要是语言知识与理解、判断等听觉语言范畴的智力)和动作性智力(符号与图形、图画等视觉、空间信息处理范畴的智力)。韦克斯勒第三版(原版 WISC-Ⅲ,1991 年;日本版,1998 年)的改订在明确学习障碍等认知特性的基础上引进了颇具诊断力度的群指数这一新概念,如图 5-3 所示,从 VC(语言理解)、PO(知觉统合)、FD(注意记忆)、PS(信息处理速度)之间可以看出明显的个体内部差异,这些指标是相当有力的智力判断指标。

另外,考夫曼的认知能力检测将学习影响较大的认知范畴(知识掌握程度量表)与学习影响较小的认知范畴(认知处理过程量表)分开检测,特别是检测后者时将不断出现(相继出现)的信息按时间顺序处理和同时处理空间信息这两项分开检测,意图将个体内部差异明确区分。

第三种类型是从基础学习能力看出的个体内部差异,学习障碍定义中的 6 项能力成为检测的基础。也就是说既有在口语范畴(听·说)、文字书写范畴(读·写)、算数范畴(计算·推理)方面的差异和个别比较异常的差异,又有定义中所包含的学科中的差异。

顺便说一下,2002 年日本文部科学省发布的《有关学籍在普通班级里有必要接受特别教育支援的中小学生全国实况调查》中,在与学习障碍密切相关,学习方面有显著困难孩子的比率为 4.5%,其中,"听"或是"说"方面有困难的占 1.1%,"读"或"写"方面有困难的占 2.5%,"计算"或"推理"方面有困难的占 2.8%。

从总智商可了解到单个学科中的相对后进学习项目,类型

第5章 对学习障碍与注意欠缺多动性障碍的发现与判断

Ⅰ和类型Ⅲ表现为部分学习项目不振,使用类型Ⅰ和类型Ⅲ可以从中看出个体内部差异,用这一个体内部差异作为判断学习障碍的适应性基准,这一操作方法在美国经常被使用。

如果认知能力方面和学习能力方面,特别是这两者之间存在异常的个体内部差异的话,这会成为判断学习障碍方面非常有力的根据。

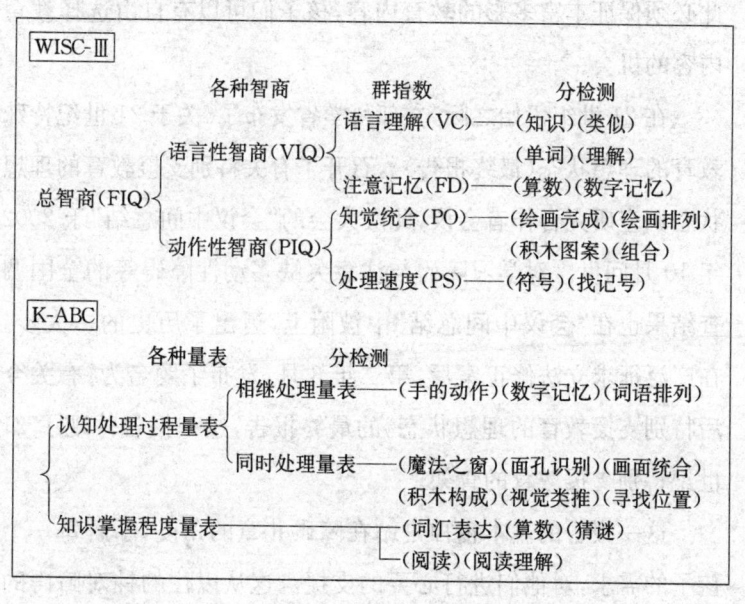

```
WISC-Ⅲ
                 各种智商        群指数          分检测
                             语言理解(VC)——(知识)(类似)
             语言性智商(VIQ)              (单词)(理解)
                             注意记忆(FD)——(算数)(数字记忆)
    总智商(FIQ)
                             知觉统合(PO)——(绘画完成)(绘画排列)
             动作性智商(PIQ)              (积木图案)(组合)
                             处理速度(PS)——(符号)(找记号)

K-ABC
              各种量表         分检测
                         相继处理量表——(手的动作)(数字记忆)(词语排列)
    认知处理过程量表
                         同时处理量表——(魔法之窗)(面孔识别)(画面统合)
                                    (积木构成)(视觉类推)(寻找位置)
    知识掌握程度量表——————(词汇表达)(算数)(猜谜)
                              (阅读)(阅读理解)
```

图5-3 WISC-Ⅲ、K-ABC对个体内部差异的测定结构

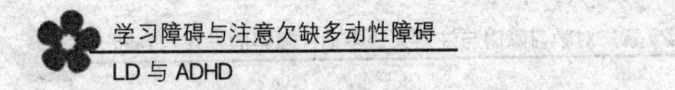

学习障碍与注意欠缺多动性障碍
LD 与 ADHD

只有教育才是服务业

作者认为充分尊重孩子们作为生命个体的能力和适应性、兴趣与关注点,帮助孩子们实现自我才是教育的基本姿态。为此必须保证丰富多彩的教育内容,孩子们可以有自由选择教育内容的机会。

在21世纪伊始之际,文部科学省发布了《关于21世纪特殊教育的理想状态(最终报告)》,召开了有关特别支援教育的理想状态调查研究合作者会议,此次大会的"会议中间总结"于2002年10月问世。对学习障碍与注意欠缺多动性障碍等的全国调查结果也在"会议中间总结"中被附上,迈出了历史的一大步。在广泛征求立法修正案后,第二年3月,发布了题名为《有关今后特别支援教育的理想状态》的最终报告,这一报告体现了21世纪特别支援教育的骨架。

这一报告的基本精神是站在障碍儿童的角度,了解每一个孩子的需求,对他们进行必要的支援。这从以往的针对障碍的种类和程度设定教育场景转换到旨在针对生命个体的需要,更加准确、更加有效地实施教育。

换句话说,不是让孩子如何像在以往的教育体系里那样配合教育,而是如何提供适合孩子的教育服务,做到了从站在提供服务的一方转换为站在接受服务的一方考虑,完成了思维角度

第5章 对学习障碍与注意欠缺多动性障碍的发现与判断

的转换。

从这样的发展趋势中,作者叙述一下以今后的学习障碍为代表,在教育有着各种各样特别支援需求的孩子们时应该有的姿态吧。在一个教室里,不仅仅会有学习障碍的孩子,还会有注意欠缺多动性障碍和高功能自闭症等各种各样的孩子,还会有受了欺负和辍学、完全丧失学习意愿的孩子。

明日教育的起点是,首先要从接受各种各样的孩子们原有的状态开始,然后才是如何提供给孩子们必要的教育服务。

从前,要说教育是对孩子们提供服务的话,有人就会批评说神圣的教育怎么能是服务啊?这是什么话啊?可能有人会想到在火车站前面发发印有广告的面巾纸,在餐厅递递湿毛巾才是服务,所以才发起抗议。

在某大学图书馆正面的纪念碑上面,用拉丁语刻着"SERVICE&SACRIFICE"的字样儿。这两个词根据广辞苑的解释来说,SERVICE(奉献)即"为了国家和社会奋不顾身、全力以赴",SACRIFICE(牺牲)即"为了他人献身效力"。如此说来服务这个词是一个神圣的词语。

说到用词,学习障碍这一用语官方使用较多,现在逐渐被 LD 这一英文缩写替代。这大概是因为在障碍这两个字的背后让人感觉到在差别对待这类孩子,给他们烙上了不恰当、不利于成长的历史刻印吧。

随着对学习障碍的理解在不断进步,现在,有学习障碍的青年们渐渐不希望自己被叫作学习障碍,而是希望被称为 LD。

确实,LD 的 D(disabilities)不是伤害的意思,也不是损伤的意思,是意味着脑的功能不好、不全。

至今为止,为什么使用"学习障碍"这一词汇呢?这是因为在日语的语言文化里面除了"学习障碍"这一词汇之外,还没有恰当的词汇可以定义这一障碍。就算使用"障碍"这一词汇,也可以通过使用"LD"这一用语来启发社会,在理解和对待因障碍而饱受痛苦的人群方面开辟一条道路,这是无论如何都该有的发展流程。作者认为这是和很多监护人达成共识的想法。

如果大家都把障碍当作个性来理解的话,则完全没有必要硬是使用"障碍"这一词汇。但是,如果不明白这一障碍概念的实际情况,还存在不恰当地对待有障碍的孩子的情况,将障碍的定义明确下来还是一项必要的工作。

理解从学习障碍到 LD 的发展无非又往前迈了一步。但是,从使用学习障碍这一称谓到使用 LD 这一用语,然后,从使用 LD 这一用语到认为这些孩子是一个有个性的人,实现这样的转变还要走很远很远的一段路。

LD 作为一个崭新的发展障碍的概念,让我们从中可以学习到的难道不是"当个性遭受了打击的时候,个性就变成了障碍"吗?有学习障碍的孩子们具有的个性状态在他们所处的文化和社会中是容易遭受打击的,我们理解这一点至关重要。对学习障碍的理解进步了,恰当地对待这些孩子的话,他们遭受的打击应该就会少一些。

再一次希望大家把"障碍是需要理解和支援的个性"这句话以及"如何将支援作为服务提供给孩子才是教育"这一点铭记于心。

英才教育的实现

特别支援教育这一概念被提出以前,日本曾经将特殊教育称作养护教育或身心障碍教育。原本,虽说在特殊教育范畴里也含有对优秀儿童的教育这层含义,但是可能没有得到社会各界足够的一致认可。在欧美的"special education"里不仅是障碍儿童,优秀儿童也是这一特殊教育的对象。

在现代社会,也有学者主张不只是 IQ(智力指数),EQ(情绪指数)才是重要的,EQ 是指在社会实践方面和大家友好合作的聪慧程度。的确,学习成绩超群的孩子里存在情绪方面的适应性也优秀的孩子。但是,事实上 IQ 值高不能成为社会适应性和情绪稳定的指标。

在前面介绍的乔纳森·凯勒曼撰写的《边缘人》(北村太郎译,扶桑社)一书里,就在天才儿童研究项目中出现了少男少女的故事。以下是阿莱克斯医生和女友罗宾之间的对话。

"罗宾,让我惊讶的是有两个优秀的少年跟不上社会的发展呢。"

(中间部分省略)

学习障碍与注意欠缺多动性障碍
LD 与 ADHD

"罗宾黑色的眸子里溢满了悲伤,静静地侧耳倾听着。我想了又想才继续说道:'记得有谁说过,文明的历史是天才的历史。天才负责创造,其余的人负责模仿。有些天才长大成人后依然成长为优秀人才,也有很多天才是小小年纪才华就燃烧殆尽。成长为天才的一个重大的因素就是孩子的父母怎样对待孩子。培养一个天才需要教育孩子的人有格外敏感的神经。有的孩子这方面运气好从小被精心培养。杰米就是运气不好。'说到这里,我哽咽了。"

这段话可以充分说明正是天才智力超群的缘故才容易受到伤害,容易遭受挫折,从而显露出他们的脆弱。优秀的儿童也是有必要接受特别支援教育的儿童。至少,经常能看到学习障碍与注意欠缺多动性障碍或者高功能自闭症儿童里面有很多中小学生有超群的能力,但没能充分释放出来。特别是当他们升入高中和大学后得到的教育支援方面的服务是相当落后的。

有人指出:将优秀的儿童也列入特殊教育这件事对于有学习障碍等情况的孩子来说,不仅是对他们学习能力不足的补偿,还在积极引导并指导该类儿童发挥自身的卓越能力上颇具重要性;要与能力出色的孩子一样,针对某一方面才能出众的孩子,提高他们的智力水平的教育(gifted and talented education)。这几个英文单词的打头字母正是 GATE,"gate"意思是门,它成了提示新特别支援教育下一个课题的关键词。

受美国教育影响浓重的菲律宾成立了特别学校,特别学校里面设置了教育优秀儿童的班级。这个班级的课表里面排入了

第5章 对学习障碍与注意欠缺多动性障碍的发现与判断

支援隔壁智力障碍班级的时间。

这样做不仅充分提高了优秀儿童的卓越能力,而且逐渐培养了他们运用充足的能量帮助身边的伙伴进步的能力。这才是真正的精英教育,是称得上健全人格的教育。

在日本,也有跳级和为优秀儿童成立特别班级的设想,但是无论如何都让人抹不去培养应试精英的印象。

因为仅仅以战胜他人为目的的利己主义的存在,在误入歧途的精英教育里,会潜在一种危险——冒出一批歧视他人的人,一群浑身散发着恶臭的人。如此说来应试精英教育和英才教育之间存在一堵巨大的屏障。

英才教育,或者说提高孩子的创造性和才能的教育关键是以理解孩子个性为基础,而对学习障碍和注意欠缺多动性障碍的教育里大多涵盖了这一点。就这样,这一前所未有的设想扩大涵盖范围后,也展现了新特别支援教育明日的风采。

第6章 对待学习障碍与注意欠缺多动性障碍

——与孩子个性打交道的方法

学习障碍的理解要点

要与人好好相处首先要了解对方，然后了解自己，这一点是做人的基础。很多有学习障碍的孩子有着这种烦恼——不被自己的小伙伴理解，也不被老师和家长理解。确实，教师每天要面对很多孩子，在与学习障碍和注意欠缺多动性障碍的孩子打交道时，他们多半会感觉很为难，真正能够与这些孩子很好地相处的教师少之又少。

父母从把孩子生下来起就一直与孩子朝夕相处，就连他们也会经常从教师和心理咨询师那儿听到这样的话："原本以为你们是孩子的父母，应该理解孩子的……""毕竟是自己的孩子，竟然对孩子的问题视而不见啊。"

再说，对于有学习障碍和注意欠缺多动性障碍的孩子来说，他们了解自己的程度虽然随着年龄的不同会有所不同，但是让

第6章 对待学习障碍与注意欠缺多动性障碍
——与孩子个性打交道的方法

他们理解自己是相当困难的。那么再回头看看我们自己,如果问问我们自己究竟有多了解自己,估计能够得到的结论是"自己也不了解自己"吧。

我们可以从镜子里映照出自己,从照片和VTR中找出自己,用最近开始流行的带摄影功能的手机拍到自己……但是就像自己基本上看不到自己的后背一样,即使想了解自己却意外地无法了解自己。

作者曾经出访美国的公办小学时发生了一件事儿。作者有机会在学习障碍高年级小学生的资源教室(普通班级指导教室)里听了一节名为"你是什么样的学习障碍?"的课。

表6-1 LD常见困难

① 学习能力方面的困难——在阅读、书写、算数方面特殊的学习能力异常
② 语言方面的困难——以听、说为主的交流能力方面的困难
③ 社会性方面的困难——社交能力、社会认知能力方面的困难
④ 运动方面的困难——动作灵巧程度、协调运动、运动计划能力等运动方面的困难
⑤ 行为方面的困难——注意集中力和注意持久力方面的障碍、因冲动性和多动性造成的困难

这堂课的内容围绕着5个问题进行。你是学习方面的LD,还是语言方面的LD?你是情绪方面的LD,还是运动方面的LD?又或是行为方面的LD?

恰巧作者在对将学习障碍定义在哪些范畴,如何对待容易出现的并发症状这样的问题而烦恼的时候听了这节课,这个课就好像正是为作者准备的。

作者在这一天遇到了这样的机会,得以清楚地获悉学习障碍的定义,整理出学习困难指导范围的框架。

在对有学习障碍的孩子的指导方面,应该着眼于解决以下5个方面的问题。

1. 学习能力方面的困难——在阅读、书写、算数方面异常的学习能力困难

在阅读、书写、算数方面体现的学习能力的困难被称为"学习能力方面的障碍",是学习障碍的核心症状,在医学领域只限定这一困难为 LD(learning disorders)。对于学习能力方面的异常困难,具体的学习支援是采取少量学习内容、阶段性的教材,一般的基本方法是考虑孩子学习水平和学习速度等方面的情况,采取治疗和教育两种手段。因为达到适当的支援目的后带来的成功体验会让孩子们自尊心勃发,产生内在的学习动机等效果,这也是重视这一效果的做法。

在此基础上,应该充分理解学习障碍固有的认知特性(信息处理的特征),选定合适的教材和教具,特别考虑教学内容与方法、指导的场地、指导形式等。

图 6-1 就是从上一章介绍的考夫曼认知处理类型中归纳的主要的认知处理内容。

2. 语言方面的困难——以听、说为主的交流能力方面的困难

听、说时产生的语言困难是包含于教育定义里的症状,试想一下在教室里发生的学习活动,特别是听、说与阅读、书写的关系密不可分,就不难理解。对这类孩子进行指导时,在语言障碍

第6章 对待学习障碍与注意欠缺多动性障碍
——与孩子个性打交道的方法

的普通班级指导教室等设施里大多储备了具有专业指导能力的教师和指导方法、教材、教具这些有益的资源。

相继处理信息类型	同时处理信息类型
数据(左脑)型	模拟(右脑)型
AM 9:05	(时钟图)
将每个要素按顺序处理	同时、并列处理信息
复述听到的内容	建构信息的整体印象
说出默记的句子	掌握左右、位置关系
韵律再现	理解从部分到整体的变化
按事情发展顺序再现相应内容	将获得的信息转换成印象
做连续动作	认知事物的情况

图6-1 认知特性与擅长的处理内容

3. 社会性方面的困难——社交能力、社会认知能力方面的困难

社会交往方面的困难虽然不是学习障碍定义里的主要症状，但是很多被诊断为注意欠缺多动性障碍和高功能自闭症的孩子会抱有这一困难。有学习障碍的孩子因为学习能力和语言方面受挫，也容易造成情绪方面的问题，也有案例表明这类孩子在社会交往方面发展不够成熟，这可以说是学习障碍的二次症状。虽然这个方面的困难不能说是学习障碍的核心症状，但是从教育的角度来看这是非常重要的指导范畴。

在情绪障碍普通班级的指导教室里，人际关系和群体内部适应有问题的孩子希望得到支援。这样的社会性的指导对自闭症类型的孩子也是有效的。这类孩子的家长渐渐注意到与学习

能力一样，让孩子持有自立于社会的长远目光在选择今后的人生道路方面是重要的。

4. 运动方面的困难——动作灵巧程度、协调运动、运动计划能力等运动方面的困难

经常可以看到学习障碍儿童里有动作明显不灵活、不擅长运动的。像这样运动方面的困难在医学上也叫作发展性协调运动障碍（DCD）。似乎发展障碍严重的话并发运动方面的障碍的程度也会加深。

也有很多学习障碍儿童在运动方面完全没有问题。有好几个奥运会金牌选手表明自己是学习障碍，他们的话足可以证明这一点。但是孩子运动方面有显著困难的话，在和同伴完成集体活动和游戏，还有一起进行体育运动的成长过程中，会对培养朋友关系方面带来不好的影响。

5. 行为方面的困难——注意集中力和注意持久力方面的障碍，因冲动性和多动性造成的困难

最后介绍的是具有行为特性的学习障碍，这种类型比较多。这类障碍具有注意力集中困难、冲动性和多动性，这些特性都是注意欠缺多动性障碍具有的。这样说来学习障碍与注意欠缺多动性障碍是症状容易重复发生的发展障碍呢。对学习障碍和注意欠缺多动性障碍并存的这类孩子进行指导时，教师会比较容易重视他们在教室里参加学习活动的这个方面。

在美国，由学习障碍人士本人以及他们的家人、专家组成的NPO，全美LD协会（LDA）对注意欠缺多动性障碍儿童的父母

第6章　对待学习障碍与注意欠缺多动性障碍
——与孩子个性打交道的方法

的指南主页里也写道:"注意欠缺多动性障碍与学习障碍是有联系的,但它们是不同的障碍。有些孩子只是学习障碍,有些孩子只是注意欠缺多动性障碍。"但是很多专家相信,注意欠缺多动性障碍的孩子中有 50%～80% 有学习障碍,两者伴随发生。重要的一点是对不同的障碍有必要采取不同的指导方法。

从学习障碍的定义来看,①是最狭义的学习障碍,在医学上称为学习障碍(learning disorders)。①和②都是教育范畴的学习障碍定义。③～⑤虽然不是学习障碍的核心症状,但是作为容易伴随学习障碍产生的行为特性,是在教育指导方面应该加以控制的内容。

这5项内容作为理解学习障碍的要点,除了介绍学习障碍的主要症状外,还列举了容易并发出现的困难。只有充分知道孩子们具有怎样的特点,与学习障碍并发产生的困难,才会更加了解学习障碍,才会把握孩子的个体需要。

在制订指导计划时不仅要考虑学习方面,还要了解因学习困难造成的心理方面的二次症状,冲动性、多动性等自我控制方面的弱点,人际关系以及社会认知能力发展等的迟缓,在各种各样并发的困难的基础上打响支援战役。

注意欠缺多动性障碍呈现出的困难与魅力

作者一想到学习障碍对社会的启发、世人理解学习障碍的过程花费了多少时间,就感觉到人们对注意欠缺多动性障碍的关注正如星星之火可以燎原一般在加深。

在日本的公立学校教育中,即使是学业后进也可以升班,这一点是常识。某著名临床心理学者在访问北欧时,用夸耀的口吻一说到"在日本即使学习不好也照样会升班",就遭到反驳"那不就是教育犯罪吗?"

学习障碍作为针对异常学习能力的挫折和困难而制订的定义,在日本,教师会把孩子学习后进敏感地认为是教师的责任,而如果教师不创造这样的教育氛围的话是很难关注学习后进这一问题的。

正因为这样,像逃学、扰乱课堂导致教学无法进行的这些行为,一旦超越了某一沸点,就会一下子成为问题,浮出水面。就如,你静静地沉在游泳池底不会引起骚动,可是如果你哗啦啦地扑腾水挣扎就会引来注视你的目光。在游泳池里经常会有教练不好好搜索孩子们发出的求救信号,还把孩子溺水看作练习不够,教练一方没有责任,如果是这样的话,教练也太不负责任了。

那是1999年发生的事儿。当时,针对扰乱课堂、教学无法进行这一重大社会问题,调查组接受当时的文部省委托展开了调查研究,这一调研的中间报告被报道、发布,引发了相关话题的热议。

实际上,在对课堂被扰乱、教学无法进行的班级的约一百名班主任进行采访后得知,在该问题产生的原因中,"对教学内容和方法不满的占64%","受了欺负等不公平对待后得到的处理

第6章 对待学习障碍与注意欠缺多动性障碍
——与孩子个性打交道的方法

不及时的占37%","有必要接受特别教育的照顾和支援的占25%"。

有必要接受特别照顾和支援的孩子据估计就是有学习障碍和注意欠缺多动性障碍的孩子,可以非常肯定地预见到他们在上课时容易和他人产生意见不合,心生不满,因为他们颇具个性的存在容易受到欺负。特别是有不少有注意欠缺多动性障碍的孩子,因其冲动性、多动性和具有特点的言行而成为校内名人。

表6-2是有注意欠缺多动性障碍的孩子在班级里出现的行为一览。

表6-2　ADHD儿童在教室内的行为表现

- 无法安静地坐在座位上
- 抢话接舌
- 无法完成在教室里的学习活动
- 在学科学习方面粗心大意犯错误、作业粗糙潦草
- 不遵守校规
- 忘记做作业或无法完成作业
- 不遵守口头指令
- 容易注意力分散、产生挫败感
- 对发生的情况过度反应
- 很难确立日常行为模式
- 无法适应教室内部已经决定了的活动发生变化
- 社交能力弱

疑似注意欠缺多动性障碍的孩子的班主任要是看了这个一览表的项目肯定会不住地点头的。但是作者不赞成注意欠缺多动性障碍是扰乱课堂、导致教学无法进行和青少年不良行为的

原因这一措辞。他们有学习意愿，他们有能力，他们会观察周围，他们有想得到周围的人认可的需求。他们只是不大知道控制自己能量的方法。

如果说他们没有注意力，这也是不正确的说法。如果是自己喜欢的事物，他们会表现出不输给任何人的良好注意力。也就是说，他们在注意力是否集中方面是不一定的。也可以说是他们没碰到好机遇（TPO——时机、场所、场合）。

理解注意欠缺多动性障碍最大的秘诀就是好好地寻找他们个性中的正能量。说到这些孩子的父母，有人会说他们溺爱孩子，在残酷的现实面前，他们竭尽全力认可孩子的优点，这样的父母对待孩子的方法也正是老教师通过表扬来培养学生的手法。

图 6-2 是由精神科医生上林靖子从肯定的视角看待"有注意欠缺多动性障碍的孩子具有的能力"并列举出的能力细目。首先对注意欠缺多动性障碍孩子的指导应该从积极的一面去思考，脚踏实地地去实施。

现代社会可以说是高度的管理和独创性之间的争斗不息。不管是作为有平衡能力的政治家，还是作为诺贝尔奖获得者的优秀研究人员，他们的独创性和个性"前无古人后无来者"，"怪人"这个词是送给他们的称号，这一称号包含着对他们的某种期待。某大学研究生院教授提出"创业家路线"这一新设想，他这样说道："像创业家那样富有创造性和挑战精神的人才原本就是有个性的，是不会拘泥于整齐划一的教育框框里面的。特别是

第6章 对待学习障碍与注意欠缺多动性障碍
——与孩子个性打交道的方法

捧着差别对待这些孩子的理由不放,像给赛跑排名次一样给他们的成绩排名次,在当今日本相当不平等的教育里,他们这样的才能无法得到发挥。"

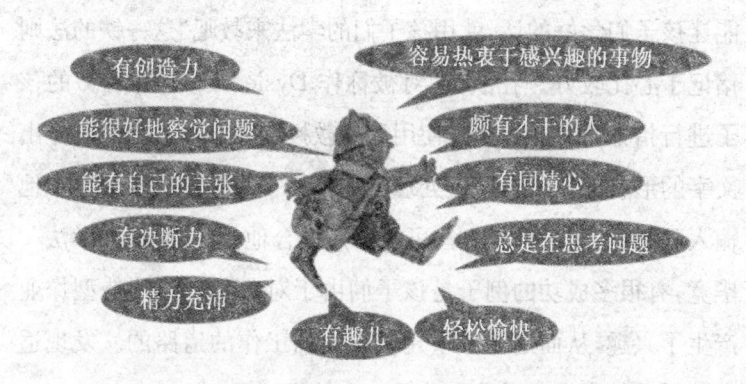

有创造力　　容易热衷于感兴趣的事物
能很好地察觉问题　　颇有才干的人
能有自己的主张　　有同情心
有决断力　　总是在思考问题
精力充沛
有趣儿　　轻松愉快

图6-2　有ADHD的孩子具有的能力(上林靖子,2001)

注意欠缺多动性障碍和学习障碍的孩子蕴含的能力是有特点的,或许把这一能力认可为个性,营造自由又有弹性的社会才是通向明天充满善意和创造性的社会之路。

名将方知攻城方略

不管是学习障碍也好,注意欠缺多动性障碍也好,还是自闭症也好,他们学习与行为的城池似乎坚不可破。反反复复教授同一教学内容的指导方法号称铁腕攻城计,它总是损耗教师的能量,在这里无法说是上上策。要攻破这座看似坚不可摧的学

学习障碍与注意欠缺多动性障碍
LD 与 ADHD

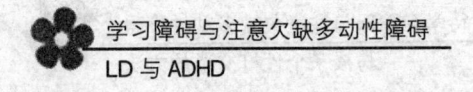

习障碍之城,以及注意欠缺多动性障碍之城的话,用怎样的策略比较好呢?

在学习障碍的教育领域里,还是把"如果我们教师的教法不能让孩子们学好的话,就用孩子们的学法来教吧"这一铁的法则铭记于心比较好。在欧美,对被称作 Dyslexia(阅读障碍)的孩子进行指导时有个方法是使用黏土教授文字。通过指尖制作出文字的形状然后再做定形处理。如果文字都被这些孩子牢牢地输入脑海里,这一指导方法可堪称是适合他们的"魔法教学法"。毕竟,有很多成功的例子是孩子们由于对各种各样的造型作业产生了兴趣,从而走上从事建筑方面的工作的道路的。发现适合孩子的教育方法是改变孩子一生的好例子。

虽说这是改变孩子一生的教育方法,但是从普通教师的眼光来看,经常会被认为没有发展性、不合理。孩子会经常听到怎么计算的时候还使用手指啦,书写汉字时怎么还使用笔顺啊,这样太荒唐啦之类的话。应该立刻矫正这些习惯呢,还是应该暂时不管这些习惯呢,这是一个有待探讨的问题。

或许是印随行为吧,孩子们怎么也忘不了最先记住的学习方法。有人想用合理、恰当的方法去修正孩子们的学习习惯,可是这样做孩子们会丧失学习劲头,最终一无所得。

使用手指是为了在计数时掌握数字的一种习惯,如果让孩子们体验数与量的关系,孩子们就会掌握例如 10 是由 3 和 7 构成的补数关系。在玩熟了掷色子游戏后孩子们就不会一个一个地数数了。从孩子们被教师或家长说"算不出来的时候也可以

第6章 对待学习障碍与注意欠缺多动性障碍
——与孩子个性打交道的方法

使用手指啊"到简单计算时不使用手指也可以算出来,或者他们向我们流露出了想试试心算的意思时我们给予孩子表扬即可。

也有孩子即使到了高年级还会瞬间想到使用手指计算,这作为没有其他办法的办法是被允许的,这是适合这类孩子的。对汉字的指导也是一样,与其啰里啰唆地强调笔顺什么的,写篇作文纠结助词和标点符号,还不如表扬孩子作文内容的有趣之处,通过表扬来激发他们的写作意愿,这才是首先要解决的问题。学习的基础首先是想学习的意愿,然后才是一点一点进步的过程。那么,给这一过程的学习项目制订计划的策略是什么呢?

有人指出,学习障碍与注意欠缺多动性障碍在症状上是容易重复的,却是不同的障碍,对这两种障碍的应对方法、指导研究也应该不同。为了让大家清楚地明白这一点用图6-3归纳如下。

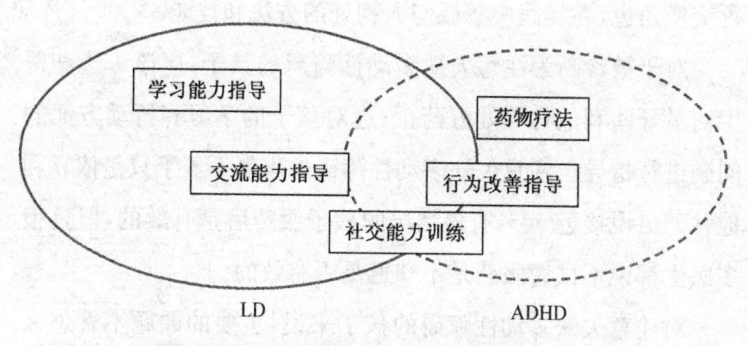

图6-3 对 LD&ADHD 的探讨

学习障碍与注意欠缺多动性障碍
LD 与 ADHD

学习能力方面的问题和与人交流方面的问题是学习障碍的主要症状,对其指导是非常重要的,我们已经知道了这两点作为学习障碍的常见困难是属于应该指导的范畴。为此,在一般指导的基础上应该在充分理解学习障碍固有的认知特性(信息处理的特征)后选定合适的教材和教具、教学内容和方法、指导的场地和形式等,要特别考虑以上这些方面。

另外,有关社会性的指导也就是对社交能力的指导,无论是对学习障碍还是注意欠缺多动性障碍都是有必要实施的。在情绪障碍普通班级指导教室等的班级指导中对这项指导的研究被广泛尝试。

有关社交能力的课题是多种多样的,包括不受挑衅影响、有自己的主张、接纳他人、遵守规则(运动员精神等)、参加集体活动、遇到困难时会解决问题等。可将这样的课题用角色表演,即一种戏剧表演的形式表现出来,孩子们互相扮演相应角色,然后再交换角色,在实践中掌握与人相处的方法和技能。

对于被诊断为注意欠缺多动性障碍的孩子,应该一边和医生商量开些利他林等处方药,一边对孩子的学习和行动方面的问题进行指导。注意欠缺多动性障碍的康复不等于只是依靠利他林。虽说接近60%有该情况的孩子服药后是有效的,但是很多医生都说不试着服药是不知道是否有效的。

对注意欠缺多动性障碍的孩子来说,主要的课题不管怎么看都应该是行为改善指导。

第6章　对待学习障碍与注意欠缺多动性障碍
　　——与孩子个性打交道的方法

行为修正是指导的基础

　　行为是学习的结果。学习障碍儿童的学习也是如此，注意欠缺多动性障碍儿童的冲动性和多动性的行为还是如此，自闭症儿童表现出的特殊行为也是学习的结果，或者说是由于学习的知识没能好好积累的结果。

　　特别是注意欠缺多动症的孩子和自闭倾向较强的孩子，他们在行为方面有很多有待解决的课题。在对他们进行指导时，仅仅就理解他人的心情和营造接纳他人的气氛这两方面进行改善就相当困难。Play Therapy（游戏疗法）是通过在自由玩耍中解放孩子的心灵，意图在效果上减少孩子的不恰当行为的技术方法，经常用于因心理问题而产生不恰当行为的孩子。游戏疗法对于心因性问题的孩子的行为改善是有效的，但对于自身有发展障碍的孩子是否会产生令人期待的效果，目前还未获得这方面的案例。

　　但是作者通过分析见到的有关行为改善方面的实例，仔细调查精通于指导这类孩子的专业教师的教学方法，发现在这个方面有某种共通的法则。

　　选择适合孩子的课题，将课题细化、层次化、结构化。在孩子能很好地超越自身行为方面的困难时给予恰当地表扬，孩子会欣然接受这样的做法的。

表6-3　行为修正的基本顺序

① 目标行为的设定
② 小容量阶段化
③ 强化因子的选择
④ 即时反馈
　　强化恰当的行为
　　对不恰当的行为实行暂停学习活动等
⑤ 一般化

但是,对于行为改善的指导不会总是在名师和能手的世界里进行。普通教师通过日常的努力采取适合孩子需求的指导,这才是孩子和监护人更加希望的教育。

实际上改善孩子行为最有效的办法是被称作"行为修正"或者"行为分析"的科学的指导方法。按照心理学的学习理论,应该把对这类孩子行为的指导定位在旨在建立对其行为修正和改善的指导体系上。

行为改善的基本顺序首先是设定目标行为。目标行为要尽量具体、精简。如果孩子在上课时一知道答案立刻就说出来了,目标行为就设定为要举手回答问题。如果孩子在课堂上立刻站起来来回走动的话,目标行为就设定为课堂的前二十分钟要坐在座位上。如果孩子对同学明显使用攻击性的言行的话,教师先对其语言方面的攻击性不予过问,仅关注其行为方面,制订"即使骂人也不能动手"的目标。

对孩子的行为不是这也要修正那也要修正,而是精简行为修正内容,不是把所有需要修正的行为全部修正,因为行为是连

第6章 对待学习障碍与注意欠缺多动性障碍
——与孩子个性打交道的方法

锁发生的,将孩子可以做到的行为做细分(小容量阶段化)处理是行为修正的要点之一。孩子出现目标期待的行为和取得成功后立刻给予表扬。教师奖励好的行为的一种办法是给孩子戴花儿或贴贴纸。这样的行为是容易反复做到的条件刺激(奖励),称作"正强化"。

相反,如果孩子出现了非目标期待行为就要对其实行暂停学习活动的惩罚,也就是让孩子离开正在参加的活动,暂时中断其活动。这来源于冰球等比赛的规则,违反规则的球员要退场,在罚球间待上几分钟,不能参加比赛。或者,对孩子实行积分制,如出现非目标期待行为就减分。这个在专业上被称为 response cost(反应代价)的方法在行为修正中得到应用,与违反交通时的减分制度相似。

在教育领域反应代价被称为"负强化",为了形成负强化要相当谨慎地使用惩罚这个手段。必须要充分考虑在教育场所的指导技法。对不同的孩子采取什么样的"奖励(强化刺激)"取得的效果也不同,强化刺激的选择是行为修正指导的重中之重。重要的一点是这样的强化要尽量在看到期待行为时必须立刻给予强化,这叫作即时反馈。

大家可能会想这样的奖励和惩罚以前家长和教师不是谁都做过吗?使用这种教育技法时,要充分理解对孩子的哪些行为可以强化,也就是说这是一种契约关系。并不是一时兴起地去奖励或者惩罚孩子,而奖励与惩罚的前提是要好好地理解什么样的行为会产生什么样的后果。

学习障碍与注意欠缺多动性障碍
LD 与 ADHD

在美国和加拿大的学校针对形形色色的学习和行为方面的指导引进了这样的强化系统。在学校里流通的临时令牌（模拟货币）被作为强化刺激，令牌积累到一定数量可以在 PTA（家长联合会）等组织举办的志愿者活动中用赚来的资金和主办方买来的文具及糖果进行兑换，或者获得坐在班级里舒适的沙发上休息的权利，又或者参加课外活动的权利，在契约中孩子们可以和他们感觉到魅力的各种东西相交换。这是和买东西时集齐了商品的贴纸（例如 bell mark 等）可以换取商品的制度以及飞机的里程服务（航空公司为达到一定搭乘距离的客人提供免费机票或者改为头等舱座位的服务）等一样的，不论哪个都是与提高顾客的购买欲望和使用频率同一原理的应用。

这样的行为修正和行为分析的手段，似乎是耗费财物去钓鱼，又似乎是拿白糖给马戏团的熊做奖励，训练杂耍技艺一样，很多人对它是抵触的。但是，自闭症儿童的行为习惯很难养成，对于他们的指导等是一个教育上的大课题，半个多世纪以来，在试行了很多指导方法后，结果至今还在使用的指导方法就是行为修正的应用。由此可以看出，日本不仅应该在指导学习障碍与注意欠缺多动性障碍的孩子行为方面积极地应用这一原理，对学习和社交能力等的指导也应该更加积极地应用这一原理。

第 6 章　对待学习障碍与注意欠缺多动性障碍
——与孩子个性打交道的方法

学习障碍、注意欠缺多动性障碍与家庭教育

如果家里偶然出生了一个学习障碍或注意欠缺多动性障碍的孩子,有人会向神灵和送子观音发牢骚说为什么给我的家里送来这样的孩子啊。

有位母亲发牢骚说:"老师,我的人生已经像背着重负在爬山了,像这样辛劳不断,那我背负的不是一座普通的山,是八岳山,不,是日本阿尔卑斯山啊。"确实,孩子的母亲得不到社会的理解、学校的理解,有时还得不到亲戚的理解、家人的理解。在理解、支持和帮助什么都没有的环境里,作者太能理解孩子母亲这样的心情了。

但是,当孩子的母亲和孩子全力以赴面对这份辛苦的时候身边站出了并肩战斗的人,不管怎么说家人,特别是自己丈夫对孩子情况的理解加深了之后,男主人承担起家长会成员的例子不胜枚举。并且,作者遇到了好几对夫妇,他们露出开朗的笑容说道:"多亏了这个孩子,我们也获得了相当大的人生意义。"

这些孩子的父母即使去学校开家长会,只要看到教师要是板着一张脸就会先想到是不是自己的孩子干坏事儿了,心中经常会感到不安。当偶尔得知不是自己的孩子捣的蛋,心中想着"哎呀,这下可好了!"这才把心放回肚子里。从这以后孩子的父母就渐渐不大来学校了,这种情况也不是没有。

在这些孩子的家长当中,有正襟危坐型;也有自暴自弃型,头总是一个劲儿地低着;也有当被提议分配家长会职员职务时,在其他家长们还沉浸在跃跃欲试的气氛中时,索性直接说自己来试试的主动承担职务的类型。

这样干脆牺牲自己的办法会出人意料地带来好结果。试着承担家长会的职务的话,和教师也能取得很好的交流,也能和自己孩子班里的家长交换之前不知道的信息。

除了像"小A最近长得壮实了啊"这样的外交辞令,诸如"之前我家孩子说过小A遭遇了这样一件事……"这样重要的"孩子受了欺负的信息"也会尽早传到家长会成员的耳中,即使孩子在学校受了欺负告诉父母的情况比想象的少。家长们可以通过这个方式共享孩子在学校的情况,互相照顾彼此的孩子。形成这样的氛围也是孩子父母自身主动交朋友的成果。

现在年轻的父母只是一味地关注自己孩子的情况,经常会注意孩子的成绩啦,长大成人后的出路啦,他们的脑海里是从众意识,眼睛里只有竞争。社会提倡的丰富孩子心灵的教育在哪里?社会号召的由孩子自己选择生存方式的做法在哪里?作为孩子的父母有很多很多应该学习的重要的事情——能做的事情、不能做的事情、该做的事情、不该做的事情……通过育儿该思考这些问题。

从世人的眼光来看,培养和教育学习障碍和注意欠缺多动性障碍的孩子这件事就好像是和很难管教的孩子格斗一般。就连我们在日常生活中的体验都能告诉我们这样的课题和视点。

第6章 对待学习障碍与注意欠缺多动性障碍
——与孩子个性打交道的方法

有一位母亲懂得将社会化——稳稳地立足于社会的生存方法教给孩子,她曾经清楚地说道:"要是只知道责怪老师,一个劲儿地抱怨,那什么问题也解决不了。所以我选择培养老师。"

"与学习障碍和注意欠缺多动性障碍的孩子接触,成长最大的就是我们做父母的。"说出这句话的家长认为自己的孩子是有些遗憾,有点儿来不及好好培养了,但是还可以给下一代的教育体系建设倾注宝贵的能量。这些父母如此坚强的身影不仅让学习障碍和注意欠缺多动性障碍的孩子,还有他们的兄弟姐妹,并且整个家庭成员都在社会中不断走向成熟。

换句话说,无论是这些孩子的父母还是其他家人都因为学习障碍与注意欠缺多动性障碍发生在自己身边而体验到了无比珍贵的教育意义。在此作者指出从这类孩子的父母身上学到的培养孩子的两个重点。

一个重点是尽量不要做像因为你是哥哥,或者因为你是妹妹这样的年龄方面的比较和要求。孩子良好的行为习惯和孩子的年龄没关系,建议发现每个孩子身上的优点,培养表扬孩子的育儿方法。

像"因为你是姐姐你要这样做……""你还是弟弟呢,你要那样做……"这样把孩子和自己的兄弟姐妹进行比较的话语,很多时候会变成各种各样的心理压力压在孩子的身上。有数据表明,经常把孩子和自己的兄弟姐妹进行比较,竞争氛围强的话会造成对手足同胞的攻击。

另外一点是建议父母关注学习障碍和注意欠缺多动性障碍

的孩子。无论如何父母都该对背负障碍这块石头的孩子倾注关怀,赋予能量。孩子们沐浴了父母说的"因为你一直认真地在努力所以你很棒""因为你做得很好,所以你很了不起"语句的甘露之后还会说:"我还想再和爸妈亲热一下。""我好辛苦啊。"孩子的父母听到这些话是会心痛的。

教师与孩子交往的方法

　　学校里整齐划一的平均主义横行至今。让所有学生都做到一样,这样的要求成了教育起码的准则。按顺序叫名字、按顺序发表、同样地展示……"不要这样啊!""让我们自由地学习吧!"学习障碍和注意欠缺多动性障碍的孩子在心里这样呐喊的声音是不会传到教师的耳朵里的。图6-4是针对我们平时经常对孩子说的话,作者试着代言一下孩子内心真实的声音。

　　不管是家庭教育也好,还是学校教育也好,作为家庭的一员,或者班级的一员,必须要和大家步调一致。因为大家都努力,所以你也得努力!这样耐着性子照做说不定什么时候就能修成正果。就像努力登山流下的汗水在山顶清新的空气中被烘干时那样的心情呢。但是,很多孩子不知道该怎样努力。一方面,从所说的要符合每一个孩子的需要这一点来看,仅被那一个孩子认可的教育内容和方法、教学情境这个理念是不错,但是判断起来比较困难。

第 6 章　对待学习障碍与注意欠缺多动性障碍
——与孩子个性打交道的方法

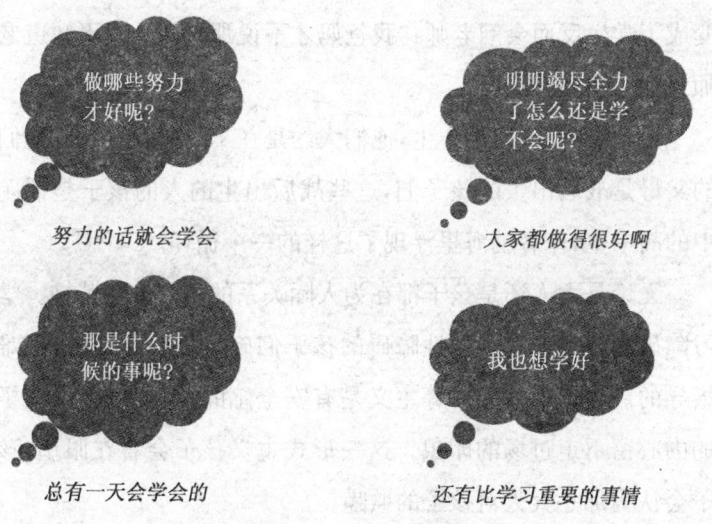

做哪些努力才好呢？

努力的话就会学会

明明竭尽全力了怎么还是学不会呢？

大家都做得很好啊

那是什么时候的事呢？

总有一天会学会的

我也想学好

还有比学习重要的事情

图 6-4　孩子的心声

　　无论学习什么都要求做到一样，对所有孩子都施加强大压力让他们做到一样，那不叫强迫应该叫作胁迫。另一方面，明明应该在家养成的习惯，而家长却又没有把孩子培养好，这样的情况增多了。或许因为是少子化的影响，有些人忘掉了自己应该尽的义务，却让自己行使自由的权利一路畅通无阻。在公共场合，有人看到没有公德的行为而提醒了对方的孩子，净是些根本不会说"谢谢你批评了我们家孩子"的家长。看到这一幕，该胆战心惊的不应该只是作者自己吧？

　　民间的教育机构采取了以高中生为对象的调查，有教师明显感到从 1996 年起高一的圈子里学生情况发生改变了。以前要是教师提醒明显违反了校规的学生，学生无论是检讨自己，还是抵触教师的提醒，会意识到自己做的事情违反了规则。现在变成了学生反而会问老师:"我爸妈才不说那些呢。我不知道老师为什么要提醒我?"

说到1996年的高中生,他们大约是在1980年出生的,他们的父母是战后出生的孩子们,这些战后出生的人的孩子是话题中的高中生,作者脑海里浮现了这样的一个循环。

无论是大人还是孩子都在为人际关系的相处方法苦恼。学习障碍和注意欠缺多动性障碍的孩子们确实是很难理解,很难指导的。整齐划一的平等主义是有安全感的,但那也会给孩子的内心留下走过场的印象。这一形式主义孩子会看在眼里,孩子会认为那是大人对孩子的欺瞒。

"大家要好好相处啊。""人是不能欺负别人的。"无论是谁都会说这样的话。可是这样的话孩子们大多左耳进右耳出了。

但是像"现在是只给你一个人的时间。""这个只为了你才做。"这样抓住一瞬间的关怀可以抓住孩子的心。这要不是自己周围的某一个人,而是自己被这样说的话体会会更深。孩子感受到教师的照顾行为会这样想:"老师很照顾我。""老师对我也特别费心。"

虽说教师总是关注学得好的孩子是一种偏袒,但是抓住教育每一个要费心照顾的孩子、经常跟不上学业的孩子、做事不合常理的孩子的时机,去特别照顾他们是每一个专业教师,用现在的话说,就是无论哪个老教师都会做的事儿。

反之,教师把这些孩子看成麻烦的家伙,经常忽视这些孩子的态度是会刺激孩子敏感的神经,传递给孩子们的。如果寻找

第 6 章 对待学习障碍与注意欠缺多动性障碍
——与孩子个性打交道的方法

一下孩子欺负弱小的原因的话,也有事例反映是教师无意间的行为造成的。作者也多次听到学习障碍和注意欠缺多动性障碍的青年痛彻心扉地诉说他们自己曾经不仅受到同学的欺负,也遭到了教师冷漠的对待和歧视。不管是教得好的教师,还是教得不好的教师,他们之中确实有很多人是不知道学习障碍等发展障碍的,或是不关注学习障碍的。

擅长与学习障碍和注意欠缺多动性障碍的中小学生相处的教师也会给班上的其他孩子们示范恰当的与之相处的方法。

教师在对无法很好地集中注意力的小 B 提问时,会特别用心,经常会为了引起小 B 注意先说道:"好,小 B 好好听一下!"据说不知不觉班里的其他孩子开始懂得朋友也很重要,也会说:"小 B,好好听着。"

就像有反面教师这个词汇一样,教师的言行无论是积极的一面还是消极的一面都会起到示范作用。老教师会很好地把握每一个孩子的需要,抓住每一个绝妙的时机,有目的地特别注意这些孩子,"照顾"他们。

所谓不错的知音、优秀的支援者

孩子身边的监护人和教师自身应该理解学习障碍和注意欠缺多动性障碍的特性,把障碍作为个性来宽容,给予适当的指导,掌握提建议的方法。学习障碍和注意欠缺多动性障碍的青

学习障碍与注意欠缺多动性障碍
LD 与 ADHD

年们在进入职场和社会后被卷入纠纷或者就要被卷入纠纷时，经历的这些指导和建议大多会成为他们具体解决问题的策略。

从社会自立的角度讲，对于学习障碍和注意欠缺多动性障碍的青年们，监护人和教师介入的情况可能会比较少，但是周围与他们接触的人也会给他们提意见。为了理解他们的特征，表 6-4 归纳了有关指导的要点。

表 6-4 对 LD·ADHD 人士的指导要点

- 在交流方法上下功夫
- 检查他们是否理解了说话人的话
- 悄悄地给予反馈
- 配备同伴、家庭教师
- 发现并接受他们擅长的做法
- 评价要具体，即使对他们的努力也给予评价
- 他们主动寻求必要的建议就给予奖励

学习障碍和注意欠缺多动性障碍的青年们领会和理解工作内容费时较多。怎样将相关信息告诉他们，并使他们能够理解指导的要点。在学校的话教师会做到理解他们，可是在社会上他们如果不能领会和理解工作内容就会被解雇，上司很容易要求他们辞职。也有的上司理解他们，却很快因为他们而陷入了麻烦。

大多数时候，只要让他们理解，他们就会发挥自己的能力，但是也有很多有注意欠缺多动症障碍等情况的青年才一知半解就以为自己全懂了，出现理解错误的状况。另外，如果一次指令太多他们也容易产生混乱，可用文件告知或只是将指导要点张

第6章 对待学习障碍与注意欠缺多动性障碍
——与孩子个性打交道的方法

贴在一眼就能看到的地方,这样事情就能顺利进行。也可以除了给口头指示和添加文件之外,再设法实际操作给他们看,或者添加图片和绘画辅助说明。在指导他们时,如果他们一时难以消化,希望不要指责他们,理解他们会带给他们巨大的力量。

让学习障碍和注意欠缺多动性障碍的青年们理解指导内容是解决所有问题的关键,及时检查他们是否充分理解了指令,这样做功效显著。不管什么样的人都有自尊心,而自尊心又和进取心相联系。另外如果可能的话,这样的检查还请进行得自然一些,不要太明显比较好。

指导教师可以先夸奖他们说:"对,这样做不错。""那个地方这样做比较好。"再回顾一下工作的进度和步骤,发出指令。这样细心周到的反馈会令这些青年们加深对指令的理解,增强自信心。根据需求,也可预约他们身边的高年级同学或有经验的同伴暂时帮着检查,也就是说可以事先定好帮忙的同伴,这就称作个别指导。

让这些青年们理解工作内容和要求,并不是让他们只掌握工作和作业过程中的一般方法就行了,还应该寻找适合他们的强项,并费心培养才是。是否愿意变革指导他们的方法,在指导效果方面会产生很大的差异。

如果需要他们换算单位,可准备专用的换算表,或者允许他们使用计算机;如果要让他们正确订货,就不要让他们靠记忆而是要准确地记账。或许这样做多少会花些工夫,但是有很多人因为这么做改善了工作状态。

学习障碍与注意欠缺多动性障碍
LD 与 ADHD

评价学习障碍和注意欠缺多动性障碍的青年们接受指导后的具体成果时,诚恳的评价会成为恰当的反馈,这一点固然是很重要的,但是评价不应该只是针对指导后的结果,如果对这些青年们的努力也给予评价的话,会更加激发他们奋发的进取心。

同时,应该让这些青年们知道,没有彻底理解工作内容和半途而废的做法是无法坚持工作的,在工作遇到困难时寻求必要的建议和援助比任意胡来造成重大损失要好得多。然而,一味地抱有依赖心理,自己应该会做的事情也要——确认和了解,有喜欢问"我这样做可以吗?"的毛病,在得到回答前什么都不去做,即所谓的有"等待指示症候群"的人也很难办。不过,职场领导对那些总是认为自己是对的,"自以为是、自取灭亡型"的人,评价也低。我们经常说"失败是成功之母",但也不该忘记另外一条座右铭——"成功是自信之父"。

应该什么时候告知本人

上文已经用好几页来介绍了对于有学习障碍和注意欠缺多动性障碍的孩子在家庭、学校、社会层面的理解,和与其相处的方法。应该什么时候、怎样告知本人呢?如何告知障碍情况,对于家长和教师来说是不该回避的课题。

当然,这没有标准答案,不同的孩子有不同的情况,但作者认为告知本人是有共通的规则的。

第6章 对待学习障碍与注意欠缺多动性障碍
——与孩子个性打交道的方法

规则一 孩子对自己的身体和情况产生疑问的时候,或者从他人那里听到什么而向你提出问题的时候,不要随随便便地否定说:"你什么问题都没有。"

孩子们会问:"为什么我不能做到和大家一样啊?"或者问:"妈妈,我的脑袋怎么了?"如果岔开这么重要的话题含糊其辞地回答的话,孩子不是反而更加疑惑吗?而且可能会破坏家长和孩子之间的信赖关系。

规则二 应该结合孩子的理解力,好好地说明情况。孩子抱有疑问的时候应该是回答这个问题的好时机。

当然会抱有这样疑问的小学中、高年级以后的孩子居多。如果孩子似乎可以理解与脑相关的发展问题的话,和孩子说说本书第1章的"脑是知识的整理箱"的话题可能会比较好。但是孩子年龄较小的话和他们讲脑的话题也许不大可能。

理解学习障碍和注意欠缺多动性障碍的基础是理解脑的话题的同时,理解人的个性。提到个性,让还是小学生的孩子们明白个性的说明方法林林总总。每个人都是不一样的,都有个性,大家如何相互理解这一点?怎样寻找孩子与孩子之间的不同?怎样发挥每个孩子的个性?这些是我们的课题,将这两点(脑、个性)告诉给更多的人是尊重人的教育的基础。

规则三 不管是学习障碍也好,还是注意欠缺多动性障碍也好,不应该以此为理由放弃努力。我们不是为了让孩子说出这样的话——"我不会做这个,因为我是学习障碍。"才和孩子说明情况的。

学习障碍与注意欠缺多动性障碍
LD 与 ADHD

谁都有擅长的事情和不擅长的事情。作者特别想让有学习障碍和注意欠缺多动性障碍的孩子本人明白，他们不是学不会，而是学会需要花费时间，和大家采取不同的做法就能学会。

确实，让这些孩子本人和他们周围的孩子以及监护人理解学习障碍和注意欠缺多动性障碍的情况是相当困难的。作者上文列举了说明情况时的三个基本规则，下文再一次将孩子的发展水平分类归纳。

应根据孩子的理解力在谈话方法上下功夫，不给孩子带来不必要的不安和不信任感，共通点是尊重孩子的自信心和自尊心。

对年龄小的孩子（小学低、中年级）指导时，告诉他们与正确理解学习障碍的情况相比，每一个人都各不相同，在能力方面都有擅长的一面和不擅长的一面，让孩子明白个体差异和个性是指导的基础。让孩子学会接纳现在的自己，即使有学不会的地方也没什么不可思议的，同时，教师应该和孩子一起从寻找擅长的地方开始，在此基础上，尝试教会孩子怎样做才能突破不擅长的领域和学不会的东西。重要的一点是给孩子带来成就感，教给孩子即使有学不好的地方大家一起想办法去克服困难的理念。

对年龄大的孩子（小学高年级、初中生）指导时，可采取稍微直接点的说明，有时有必要告知孩子本人真实情况。正如作者前面提到的，当孩子对自己为什么不能学好抱有疑问的时候，或者把疑问说出来的时候，如果我们跟孩子说什么问题也没有，只是告诉他们该努力，反而会给孩子造成伤害，使他们思维更加混

第6章 对待学习障碍与注意欠缺多动性障碍
——与孩子个性打交道的方法

乱。教师可以和孩子说说脑的认知功能的话题,也可以和他们说说在天才和伟人当中也有小时候因能力发展不平衡而苦恼的例子。

从很多人肩负着痛苦却又超越了痛苦的事例中,孩子应寻找自己的长处并思考如何发挥和利用自己的长处,在此基础上克服自己不擅长的地方。此时,孩子应该注意不要以学习障碍等为理由回避会做的事情,疲于努力。

在向孩子本人说明和告知情况的同时,指导周围的孩子理解他们也很重要。学习障碍和注意欠缺多动性障碍的孩子因其能力发展不均衡,在周围的孩子眼里他们很容易成为不可思议的存在。周围的孩子对学习障碍和注意欠缺多动性障碍的理解不应该只是停留在同情和特别支援方面,要告诉他们学习障碍和注意欠缺多动性障碍的孩子可以和自己一样达到学习成功,这些孩子可能会有卓越的能力。因为这些孩子到了一定年龄,无论如何都想找和自己有共同点的伙伴,孩子们不应该有"大家都好好相处吧"这样的形式主义的、表面派的伙伴意识。而此时如果教师以身作则,做好榜样,承认每一个孩子的个性和特征,并发挥他们的长处,指导效果会更好。

理解学习障碍和注意欠缺多动性障碍即理解个性,亦即在更加广阔、更加深远的意义上理解生命。随着这样的理念逐渐渗透人们的思想,不仅对这些孩子,而且对所有孩子,在尊重个性的同时,发展以自我实现为目标的教育。

我们不应该硬把孩子培养成批量生产的同一规格的商品,

而是要承认每一个孩子的能力和适应性、兴趣和关注点,并且知道充分尊重每一个人的个性比什么都重要。同时,作者期待孩子们能以他们各自的生存方式茁壮成长,自由地展翅飞向世界之空。飞向社会之空要靠孩子们自己的努力,教育是帮助他们达到这个目的所做的准备,是他们发展的助跑和支援。

第7章 孩子们啊，展翅飞向世界吧

失败是成功之母

我们肯定地理解事物和否定地理解事物在认知效果方面大相径庭。对于学习障碍和注意欠缺多动性障碍的孩子来说也是一样。他们自身首先要深知自己擅长的领域和优势，接下来要发现自己客观上不擅长的领域和劣势，在此基础上坚持不懈地努力克服它们。他们在与自身的困难作斗争时要考虑是否要借助必要的帮助，或者用别的手段代替现有方法，又或者选择和现在完全不同的道路。可以说，博采众长、冷静思考、积累经验的教育才会更加有效。

设置一个远大目标很重要。努力是达到目标的基础，是改善现状和提高自己的原动力。但是不能很好地把握自己的能力，缺乏对自身适应性的认识，不够了解自己的情况时，这样的努力是徒劳的，孩子很可能因为失败心理受到伤害。谁都知道

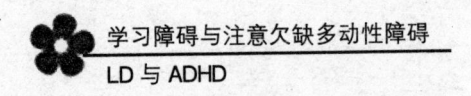

做到这一点很难,孩子们会肩负着周围人对自己的殷切期望,朝着自己一心想要实现的目标,马不停蹄地努力。但是当作者看到他们因调皮捣蛋没完成目标的样子、遭遇挫折的样子时,心里是难受的。孩子本人必须接受这样的结果,他们肯定会更难受吧。

孩子们应该制订可能实现的目标并为之而努力。一旦达到现有目标应立刻制订下一个目标。如果很难达到当前目标,或者出现明显失败的结果时,要考虑适当变更或修正行动计划。这时,为了突破最初的目标重新选择行动计划,认真、冷静的思考是反败为胜的决定性因素。

行动计划的失败和有始无终很容易造成孩子们将责任转移给他人。"因为老师说的。""因为爸妈这样说的。""因为大家都这么说"……不用说让他们立刻修正计划了,就连他们迎接下一个顶重要的挑战的动力也会减弱。在作者接触到的孩子们当中,有不少虽然有能力,但是在挫折中蓄积了受害人意识,心中充满了对家人和周围人的不满。

临床指导顺利成功的案例作为相关教育者的一项功绩,让他们感到甘之如饴。但是,把孩子没能达到目标当成自己的责任会让教育者感到苦闷,如尝了熊胆般苦涩。

对于在痛苦中挣扎的孩子,我们再次探讨:在指导中出现的哪些问题会造成他们难以达到目标?有没有更加恰当的支援?虽说探讨这样的问题,无非说明了我们理解的浅薄和指导力度不够,但是这应该会成为继续开拓孩子们的明天的必要手段吧。并且,我们从尚未成功的例子中可以学到的经验数不胜数。

我们要以孩子本人为中心慎重地考虑指导策略,即使孩子们在自己选择的道路上遇到失败也必定会成为他们迎接下一个挑战的动力。如果孩子本人和监护人相信这一点,齐心协力,就会找到解决困难的办法。我们应从具体的指导事例中考虑建立更好的行动计划原则。

怎样培养选择力

培养独立思考、自发、自主、自立、自律等特征的孩子是教育界十年如一日提倡的主题。作者看着现在的年轻人生活在少子化和过度干涉中,越来越深刻地感觉到实现这个主题的必要性,这个课题在教育领域的分量在逐渐增加。并且,尤其是学习障碍和注意欠缺多动性障碍的孩子自身如果不端正这个态度是无法在残酷的社会中生存的。

那么怎样做才能培养独立思考的能力呢?如果这个主题仅是理论上的,不付诸实践的话,对学习困难的孩子是不适用的。从关注学习障碍和注意欠缺多动性障碍教育的角度来看,作者完全有自信可以这样说。

独立思考的能力是孩子从幼儿时期起,在不断尝试做选择的过程中一点一点积累、培养出来的。如果我们和小孩子说:

"好好考虑一下看看。"只会给他们带来压力。我们用心教育孩子时不是给孩子好的选择，而是要给予他们好的选择机会。

当我们和孩子一起买运动鞋和T恤衫时就是一个培养他们选择力的机会。这些东西由家长选择的话无论是价格上、材质上，还是式样上都会更好吧。但是，我们不是谁都记得自己没看中父母给我们买的衣服，怎么也不想穿的经历吧，相反，我们也不是谁都记得因为中意长辈给的旧衣物一直穿到被家人说"别再穿了"这回事儿吧。而这才是培养选择力的关键。

选择项的数量一开始少一点比较好，大约可提供2~3个选项让孩子选择，然后逐渐扩大选择的范围，最终孩子能在商品用途、尺寸和价格的范围内进行选择就好。这一方法适用于任何方面，让孩子帮忙做家务和学习某项技艺时也可参考。

孩子在家里像国王一样耀武扬威，家长伺候这样的孩子还认为是爱孩子，作者看到这样的家长会感到遇见了丧失"教育孩子"机会的家庭。

帮助家里干家务活对于孩子来说是被承认成为家庭一员的机会，也是孩子从幼儿期到少年期因被看作一个劳力而可以引以为自豪的机会。话虽如此，若是躺着休息的父亲和孩子说"给我把报纸拿来"或是"给我把烟灰缸拿来"，这样的话不是让孩子做家务，而仅仅是把孩子当成跑腿儿的。

这里所说的真正的帮忙是让孩子分担日常家务。如洗餐具、准备洗澡水、整理洗涤过的衣物、准备食物等。这些家务无论是哪一种家长做起来都是比较快的，我们不知道孩子是否真的能够帮得上忙，可能让孩子和家长一起做一顿饭反而会更麻烦，但是即使孩子家务做得有些不好，要花上很多时间，拜托孩子做家务这件事会让孩子的责任感油然而生。家长以后会知道和孩子一起做家务时的聊天和接触仅在育儿时期才有，是上天赋予家长的一种无上的幸福时刻，是亲子信赖关系的源泉。

在学习某种技艺方面情况怎样呢？钢琴、芭蕾、英语会话、游泳、足球、剑道等，现在的孩子们身边充斥了应有尽有的选择。有的家长为了追求丰富的选择，或希望孩子能有一个强健的身体，会使出各种各样的手段诱惑孩子。但若是孩子自己说出想学什么，即使很困难孩子也会愿意去实现梦想。

不管是什么事情都应该在一开始的时候好好地确认下孩子的心意，一一认可孩子的进步和成长，表扬和鼓励孩子，这些构成持续的指导力。孩子会有一开始自愿做出选择，到最后却厌烦了的情况，也经常会有兴趣转移的情况，这时，如果家长一开始的期待较高，考虑到之前的付出，他们的失望也会很大。

鼓励孩子们不轻易放弃，坚持不懈，告诉孩子们不断努力的重要性固然不错，但是如果孩子们的心意已定，已经无法挽回，要放弃自己当初的选择的话，把这个情况当作指导的契机也不失为一种智慧。

"这之前做的不都白费了吗？""因为不管我做什么都坚持不下去。""如果放弃的话请自己拒绝。"……这每一句话都会成为孩子心里难以消除的负担。

当孩子想放弃时,作为孩子的父母一定要理解孩子,并为孩子做点儿什么。和抢先察觉孩子的心情相比,重要的是家长首先听听孩子的理由,采取接纳孩子的姿态。即使孩子放弃了自己的选择,家长可等待适当的时期,提供几项可能实现的目标供孩子选择。时间可以选择在一学期或一学年告一段落时,或许应该和孩子建议说挑战一下现在正在学习的游泳,让游泳成绩合格如何,逐个将选择项与孩子商量。

想让这样的经验变得有意义,家长要知道与其勉强孩子去做,还不如等待孩子自己真心想做时再要他做,让孩子知道为什么要自己去选择这一点很重要,家长要按照这样的原则指导周围的人才会理解孩子,这会成为指导的机会。

我们要培养这样的孩子——在日常生活中会选择,在各种场合都会阐述自己的观点,最终在决定自己将来的人生道路时也会表明自己的想法。我们不是在重要的场合突然和孩子说:"你想怎么做？请表明自己的想法。"而是应该在孩子小的时候,通过让孩子选择逐步培养孩子的"思考力"。

自立于社会的难易

作者从很多小学生时期作为学习障碍被指导,30 岁左右已经在社会上自立的青年们身上学到很多东西。

每年圣诞节的时候,作者发出聚一聚的联络时,他们之中有

第7章 孩子们啊，展翅飞向世界吧

的人互相联系一下就来了，但是也有的人不知道从什么时候起渐渐疏远了，连面也见不着了。通过他们父母偶尔寄来的信件和他们朋友的话中作者感觉到这些青年有这样几种类型——第一种类型是"我已经不是学习障碍什么的了，我再也不想回想起这个名称了，我也不想和它有什么回忆"；第二种类型是已经完全融入了社会；第三种类型是在和困难做斗争的过程中疲倦不堪而闷在家里，和外界断绝了联系，意图保持内心的稳定。

学习障碍和注意欠缺多动性障碍的孩子们可能会走向任何一条道路，也就是说他们是在自身能力和敏锐性的斗争中成长的。他们聚集在一起，感慨着"那个时候可真好啊"什么的，即使当时在学校里他们感觉心情很糟糕，但他们初次相识，结成了可以让自己安心的团体；即使当时他们有学习障碍那样的情况，但因为他们成了能够相互体谅的伙伴，所以这样历历在目的回忆似乎变成了他们之间强大的纽带。

他们在积累各种各样的社会经验过程中不断进步，让作者感到惊讶的是，这些青年让作者看到了他们茁壮成长的样子。从作者关注他们的成长得出的经验来看，他们分为可预测出将来的孩子和不大容易预测出将来的孩子。换句话说，他们分为容易在社会上自立的孩子和不容易在社会上自立的孩子。

智能等智力发展水平的高低的确是判断能否自立的一点标准，但是即使这些青年们考入了大学也不能保证他们能在社会上自立。实际上，这一事实像"我明明大学毕业了怎么还是不能在社会上自立？"这样的不理解和错误认识在不断增加。即使是学习障碍的青年本人有坚持不懈地努力的自我意识，在就职劳动厚厚的屏障面前，原本宽广、有弹性的选择范围也大多会变得狭窄。

从青年们选择自立后的结果来看，与人相处方面发展的好坏会成为影响就职等在社会上自立的非常大的因素。这一点从他们的高中时代和之后的打工以及就职经历中显现出来。青年们年末在邮局和面包制作工厂等从事流水作业的工作中不会犯大错误，能够完成工作，但是当他们在便利店工作时，从接待顾客的适应性方面来说，他们因为店里对自己的评价苦不堪言。

然而目前，从重视程度来看，与人交流的人际关系方面、社交能力等方面的发展，与智力、学习能力等方面的发展相比，处于不利地位。作者深刻感觉到对于学习障碍与高功能自闭症等类似的孩子们来说也是一样的情况。

并且，孩子们抱有多多少少派生出来的问题，特别是在情绪方面，内心的建设对孩子社会性方面的成长带来巨大影响。这些问题是二次发生的，次要的，后天的环境问题，可以说根据周围的理解和支援是最容易发生变化的部分。这些问题是否会派生，与孩子能否与父母和教师建立信赖关系，人们能否更好地认识孩子们是一个生命个体有关系。

相关治疗教育咨询员和专家都感觉到当孩子们遇到不恰当的对待，心灵受到伤害的时候，用于修复他们心灵的时间要比他们受到伤害的时间多出很多倍，耗费更多的精力。

但是，责怪孩子的父母和教师，批判学校教育的体系与对策是无济于事的。理解孩子们，展开恰当的支援是当今有必要实施并且有实现可能的教育改革。这一点构成创造信赖关系的第一个阶段。

指导教师应相信人的发展，哪怕是改善一点儿也好。在孩子本人、家长和相关人员放弃所有努力之前，不应该使用像"太晚了"这样的话。不仅如此，作者认为在人的整个生命发展过程中谁也不该使用这个词汇。

当年的学习障碍的孩子们已长成青年，作者若再次见到他们时，一定会问他们两个问题。一个是青年们的经济条件如何，另外一个是青年们如何度过业余时间。

在社会上自立应该是怎样的一种形态呢？它是不应该与经济条件分离开来考虑的。另外，业余时间不仅对青年们建立和维持朋友关系很重要，也是青年们在某个工作岗位能够稳定发展，培养和他人的配合关系的保证，也会让青年们渐渐懂得结合工作和业余时间，即培养会生活的性格。

自信与经验造就人

男孩S在智力方面刚刚达到合格的边界线，也就是说他在智力方面属于正常范围，但是接近智力障碍，这意味着男孩S处于教育的夹缝中。在日本无论是普通教育，还是特殊教育对他的支援都是不够的，他是被教育的恩泽遗漏的一个学习障碍儿童。在美国,作为学习障碍接受个别教育计划支援的孩子们有50%以上智商达到合格的边界线,也就是说智商在合格线以上不到85至90以下的这部分孩子,可以称为学习障碍的典型。

孩子的父母从很早以前就有这样的觉悟——要是以后他真的能够具备在社会上自立的能力,即使不是送去给学习障碍的孩子开设的教育机构,而是送去给智力障碍的孩子开设的教育机构,他们都能接受。在既没有对学习障碍的理解,也没有教育机构的当时,男孩S被那么有远见的父母培养成一个能在社会上自立的先锋,成为大家的模范。

S是学习障碍,并且在智力方面接近轻度的智力障碍,智力发展水平稍低,他能够在一定程度上客观地了解自己的能力,是一个让人感觉某些方面有些老成的少年。他在私立的小学因为和同学之间学习能力的差异曾经深深地苦恼过,期间跟随他赴职海外的父亲在美国接受了针对轻度障碍的孩子需要的教育支援后回国。

回到日本以后S正赶上升入普通学校的初中,按照孩子本人的意愿,他到了为轻中度智力障碍孩子开设的班级里学习。好学的他是做不到上课听不明白也装着一脸听懂了的样子的,他不会忍受他上课听不懂的,他就是这样一个孩子。他高中时去了能理解学习后进儿童和辍学儿童的全住宿制私立学校。此后,S看到了去福利工厂工作(领到治疗教育手册,作为障碍人士就业)的朋友,在他本人的要求下,他也拿到了一本手册(不同地区叫法也不同,有的地方叫爱的手册、绿色手册等)。

第7章 孩子们啊,展翅飞向世界吧

　　治疗教育手册作为智力障碍人士一直以来接受治疗教育和支援的一种障碍认定证书,并不是专门针对学习障碍这一范畴的支援制度,但是治疗教育手册是进入福利工厂就业(附带援助的就业和福利就业)的必要条件。另外,法律规定了一定数量的事务所有雇佣障碍人士的义务。(《关于促进雇佣障碍人士的法律》)

　　S在高中毕业以后,还去职业训练学校接受了好几次锻炼,最后他在大型超市雇佣障碍人士的岗位就职,现在已经能够很好地完成仓库管理等工作了。S在接受同样患有学习障碍的伙伴的咨询时,在讲述将来的抱负时脸上充满了冷静和自信。他曾暗中考虑过调动工作,发挥自己的能力,实现自主创业的梦想,他在心中期待这一理想能有用武之地,并且随着他不断创造机会,实现理想的想法也越来越坚定。

　　据担任就业指导的教师说,孩子们最初的就职经验对其今后的人生影响深远。男生小Y按照就业指导老师说的"功到自然成"一直在坚守工作岗位。雇用他的老板对他的印象一点也不好,就业指导教师后来对自己说过的话后悔道:"小Y为什么要忍受那么多?"

　　上司害怕万一小Y出意外,他需要承担工人灾害补偿保险,不愿意指导小Y,给小Y安排了个闲职,一旦有什么错误就把责任推诿给小Y,小Y经历了无数次这样蛮不讲理的对待。此后,小Y多次调动工作,还担任过游戏中心的副店长。

　　小Y说:"我不能一直是打工的。30岁之前我打算做点

127

什么。"

　　他有时会做好事,并且处事灵活,被同时参加工作的工友和后参加工作的工友当作大哥一般依赖。当工友们在比较工资多少,发着牢骚的时候,他说:"钱虽然也很重要,可是职场的气氛也很重要啊。"这句话无论从哪个角度咀嚼都反映出他成了一个了不起的人。

　　在这之后,小Y在某个制造厂寻得一份工作,他让我们看到了他这些年工作稳定的样子。小Y偶尔会在公司间跳槽,因为上班的关系他离开父母身边另起炉灶,现在独自生活。

　　独立生活需要一定程度的稳定收入和自立能力,偶尔在发生紧急情况时需要家人做他们的后盾。青年们在过着怎样的生活呢?作者加入其他独立生活的青年们的谈话圈子后问了这个问题,知道了他们还注意健康管理、营养方面、各种各样的节约办法等,青年们真的是扎实地做到了"不入虎穴焉得虎子"这句话。

　　不管青年们有多想做好工作,有多大能力,他们面临职场的处境和危机时,应对能力还是欠缺了一点的。作者每每看到裁员和调动工作的新闻就感受到社会生活的残酷。

　　毕业于某大学理工科的男生小O不要说调动工作了,他有好几年都要不停地参加就业考试。一个偶然的机会,小O经亲戚的介绍进了公司,起先上司派他做数据整理的工作,他总归是有些担心自己能否胜任的,第二天他在准备企划书的必要资料时,像往常那样做着工作,他因工作的样子被上司看不惯而遭到

第7章 孩子们啊,展翅飞向世界吧

盘问,因此被烙上了"扶不起来的刘阿斗"的烙印。

　　这是作者直接从小O本人那里听到的话,小O自己也明白他缺乏灵活性,他做不好工作的原因是他不能区分时机、场所和场合。周围的人如果理解学习障碍和注意欠缺多动性障碍的特性,把这个特性作为个性来接受,给他们提供适当的建议等帮助的话,一旦他们超越了自身的困难,他们就可以说是人尽其才,获得的经验会积累为一种力量,推动责任心和信赖之间产生良性循环。

　　包含工作失败在内,青年们工作起来很困难的事例告诉了我们很多东西,有时青年们和同事取得一致意见后,把工作做好的事例带给我们极大的自信和勇气。这才是孩子们给教师、指导者、临床专家的最大的礼物。

　　男生小T是一名小学生,和学习障碍的特征相比,他的注意欠缺多动性障碍的特征比较明显。作者第一次见到男生小T时,是在他小学四年级的时候,他因为一件小事儿就会引起周围恐慌,他就像是一座制造麻烦的工厂,不知道什么时候要爆发,他就是一个极度得不到满足的危险少年。从他的只言片语里可以看出他智慧的闪光点,但是他无论是学习还是运动都是半途而废,不仅他的父母,谁都担心他将来怎么办。当小T的一个朋友踩住翅膀已经破破烂烂濒临死亡的蝴蝶时,小T曾经向这个朋友投过石子儿,追赶过这个朋友。

　　小T唯一的特长就是画细致的画儿。他的画儿与学习没有直接的关系,但是非常独特,充满想象力。当作者刚想到小T

学习障碍与注意欠缺多动性障碍
LD 与 ADHD

哪怕是有一个优点也好的时候,他的母亲拿来了他小时候画的好几幅画儿。他的画儿没有模仿他人,他用他独特的笔触画出了他的世界。当作者看见他的画儿时大吃一惊,他的画儿色彩丰富,带花纹的粗单角鲀、凤蝶、厨房的锅和勺子、水龙头都在柔和中展现着和谐。

作者现在想想自己那一天由衷地蹦出了"太出色了"这句话是不是让小 T 稍稍感觉到有人理解他了呢。此后,他的父母接纳了孩子,品味小 T 每一个成长带给他们的滋味儿,他们一起并肩努力,把他培养成了一个出色的好青年。就在一年前,作者听说了小 T 考取了某国立大学研究生院应用昆虫教室的消息,不禁想到小 T 自打童年时期就喜欢虫子这件事竟然在他人生的道路上开出花朵来。

最近,经常会有曾经和作者接触过的孩子,以及阅读过作者执笔的学习障碍和注意欠缺多动性障碍相关书籍的孩子们,通过电子邮件向作者咨询、讲述他们的近况。男生 M 在经历了校园暴力和辍学后终于读完了高中,他一边在便利店打工,一边利用业余时间享受旅行,作者在这里介绍一下他在年初和作者拜年时说的一些话:"……大家都走在各自的人生道路上。我和大家都渐渐成人了。多么想一直都很努力地度过每一天啊。……最近,时代发展的趋势和潮流发展的速度变得非常快。我时常想,我们如果不赶上时代发展和潮流发展的步伐就会被社会淘汰了。时代发展趋势和潮流发展有一大半是以电视和杂志、网络等为中心,由媒体宣传制作并传播到社会上的。因此我们要想

第7章 孩子们啊，展翅飞向世界吧

不被时代发展和潮流淹没，就应该重视自我和个性，这不正是率真的生存方式吗？我无法说做到和大家一样就一定会幸福。我们应该迈向闪耀着每个人个性光芒的世纪……今年也请老师多多关照。"

资料 为了发现学习障碍与注意欠缺多动性障碍

——从教师眼中看出的检测清单

以下刊登的检测清单是2002年日本文部科学省调查研究会实施的《关于普通班级内有必要进行特别支援教育的在籍学生的全国实况调查》曾使用过的。

此检测清单由班主任回答,是判断有多少孩子是不伴随智力发展迟缓,在学习方面和行为方面呈现显著困难的依据。必须注意此检测清单不是用于学习障碍专家小组判断和医生诊断而制成的。并且,此检测清单的调查对象不包括全面的智力发展迟缓。在此显示的判断基准适用于归纳总结调查结果时使用。

关于学习方面困难的调查项目(学习障碍相关)

[判断基准]

在"听""说""阅读""书写""计算""推理"的6个范畴内,每个范畴各5问,共计30个项目。

资料 为了发现学习障碍与注意欠缺多动性障碍
——从教师眼中看出的检测清单

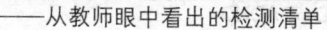

对以上项目，按照 0:无、1:很少有、2:有时有、3:经常有 4个层次回答。每个范畴算出总分，如果某一个范畴是12分以上，即可判断为"学习方面有（学习障碍类型的）困难"。

<听>
- 会听错话(如将发音相似的日语"知道了(shitta)"听成"去了(itta)")
- 会听漏别人的话
- 一对一告诉的话是可以听懂的，但是和很多人在一起听时很难听懂
- 很难听懂指令
- 很难与人商量(无法理解商量的进展，无法接上别人的话茬)

<说>
- 无法用合适的语速说话(说话结结巴巴，或者语速非常快)
- 语塞
- 说话仅仅是罗列单词，使用短句子，语言表现力匮乏
- 想到什么就脱口而出等，说话不合逻辑
- 理解听话内容较容易，但是表达困难

<阅读>
- 会读错阅读时第一次遇见的词语，平时不太实用的词语等

- 跳过文章中的语句或行,或者反复阅读
- 音读速度慢
- 胡乱阅读(将日语"去了(ikimashita)"读成"在(imashita)")
- 无法正确读懂文章的要点

<书写>

- 写的字让人看不懂(字的形状和大小不规则,无法做到横平竖直)
- 按照独特的笔顺书写
- 会写错汉字细微的部分
- 会漏掉标点符号,不能正确书写标点符号
- 仅会写字数有限的作文,一定类型的文章

<计算>

- 对数字的意义和表示方法(对该学年该学习目标)理解困难

(将三千零四十七写成300 047或347,认为分母大分数值就大)

- 简单的计算不会用心算
- 计算时花费大量时间
- 尽管算出答案了,但是遇到需要几个步骤来解答的问题感到困难

(四则混合运算,需要列两个竖式的计算)

资料　为了发现学习障碍与注意欠缺多动性障碍
　　　——从教师眼中看出的检测清单

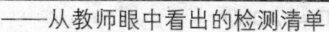

- 解答应用题感到困难(该学年学习目标之一)

<推理>

- 对"比较量和量的单位(该学年的学习目标之一)"理解困难

(比较长度与深度的大小,如换算问题"15cm 等于 150mm")

- 对画图形(该学年的学习目标之一)感到困难

(临摹圆与菱形等图形,示意图与展开图)

- 理解事物的因果关系困难
- 为了达到目的制订行动计划,必要时修改行动计划感到困难
- 不懂装懂,跳跃性的思维

行为方面的困难相关调查项目(注意欠缺多动性障碍相关)

[判断的基准]

由"注意力不集中""多动性·冲动性"相关 9 个项目,共计 18 个项目构成,这些项目在清单中交错排列。

对以上项目按照 0:无、可能基本没有 1:有时有、2:经常有、3:出现频率非常高 4 个层次回答。回答 0、1 的为零分,回答 2、3 的为 1 分,符合项目达到 6 分以上即被判断为"行为方面

135

学习障碍与注意欠缺多动性障碍
LD 与 ADHD

(注意欠缺多动性障碍)有困难"。

＜注意力不集中＞＜多动性·冲动性＞

- 在校学习时不注意细节,粗心大意
- 坐立不安,即使坐在座位上也扭来扭去
- 在学习活动和玩耍时注意力保持困难
- 上课时应该坐着的时候离开座位
- 与人面对面说话时,看起来没在听
- 应该坐好时频繁地走来走去或者攀爬物体
- 无法听从指令,无法将工作做完
- 玩耍或参加课余活动时较难遵守规则
- 很难按顺序完成课业和活动
- 无法安静,并且参加活动时慌张得好像被什么东西追赶一样
- 逃避必须要集中注意力付出努力的学业(学校的学习和作业等)
- 话多
- 弄丢学习和参加活动时的必需物品
- 在问题还没有问完时冷不防地回答问题
- 容易注意力分散
- 很难按顺序排队等待
- 容易忘记日常活动
- 打断别人正在做的事情,打扰别人

资料 为了发现学习障碍与注意欠缺多动性障碍
——从教师眼中看出的检测清单

有关行为方面困难的调查项目(高功能自闭症相关)

[判断基准]

由"对人关系和拘泥于某种特定事物等"27个相关项目构成。

对于以上项目,按照 0:否、1:多少有点儿、3:是 三个层次回答。如符合以下内容的项目达到 22 分以上,即可判断"行为方面(高功能自闭症)有困难"。

<人际关系和拘泥于某种特定事物等>

- 老成,早熟
- 被大家认为"某某通""某某达人"(例:日历通)
- 对其他孩子不感兴趣的事物感兴趣,活在"只有自己的知识世界"里
- 虽然具备特定领域的知识,但是仅限于死记硬背,无法准确理解知识含义
- 不能理解双关语以及来自他人的反感,直接按照字面意思理解词语
- 说话方式偏于形式,不会抑扬顿挫地说话,不会断句
- 随意组合词语,造出只有自己明白的词语
- 用特殊的声音说话

- 并不是以向他人传递信息为目的,而是发出与说话场合无关的声音(例:发出唇声、咳嗽、喉音、大喊大叫)
- 有非常擅长做的事物,也有极度不擅长做的事物
- 虽然会说各种话,但是无法理解当时的谈话场合、对方的感情和立场
- 缺乏共情
- 说话时不考虑是否会令周围的人感到为难
- 眼神特殊
- 有和朋友好好相处的意愿,但是无法很好地构建朋友关系
- 虽然在朋友的身边,却独自玩耍
- 没有关系亲密的朋友
- 缺乏常识
- 打球或玩游戏时不会考虑和同伴合作
- 动作和身体语言不灵巧
- 没有目的地转动脸庞和扭动身体
- 拘泥于某一行为和想法,不会做简单的日常活动
- 有自己每天独特的习惯活动和顺序,讨厌变更和变化
- 执着于特定的事物
- 会被其他孩子欺负
- 有自己独特的表情
- 有自己独特的姿势

参考文献

[1] 请理解我. 朝日报厚生文化事业团, 1990.

[2] 与你同行. 朝日报厚生文化事业团, 1996.

[3] 上野一彦. 教室里的学习障碍. 有斐阁, 1984.

[4] 上野一彦. 要是你的话怎么办？——培养学习障碍儿童的社交能力. 日本文化科学社, 1991.

[5] 上野一彦. 给班主任的学习障碍指导——提问与回答. 教育出版, 1996.

[6] 上野一彦. 有LD(学习障碍)的孩子们. 大月书店, 1998.

[7] 上野一彦, 牟田悦子, 小贯悟. 学习障碍教育——对学校内学习障碍的判断和指导. 日本文化科学社, 2001.

[8] 上野一彦, 山崎晃资, 拓植雅义. 市川宏伸他. 学习障碍与注意欠缺·多动性障碍. 安田生命社会事业团, 2002.

[9] NHK厚生文化事业团. NHK障碍福利论坛——对有注意欠缺多动性障碍的孩子们的理解和支援. 2002.

[10] S. A. Kirk & W. D. Kirk. 运用ITPA对学习能力障碍的诊断和治疗. 三木安正, 上野一彦, 越智启子译, 日本文化科学社, 1974.

[11] 有关学习障碍及与之类似的学习方面有困难的中小学生指导方法的调查研究合作者会议.对学习障碍儿童的指导(报告).原日本文部省(现日本文部科学省),1999.

[12] Quark 编辑部.谁都知道的爱因斯坦的所有轶事.讲谈社,1998.

[13] 铃木昌树.轻微脑功能失调.川岛书店,1979.

[14] 有关普通班级调查研究合作者会议.关于在普通班级指导的充实方案.原日本文部省(现日本文部科学省),1992.

[15] 有关特别支援教育理想状态的调查研究合作者会议.有关今后特别支援教育的理想状态(会议中间阶段报告).文部科学省,2002.

[16] 有关特别支援教育理想状态的调查研究合作者会议,有关今后特别支援教育的理想状态(最终报告).文部科学省,2003.

[17] 关于 21 世纪特殊教育理想状态的调查研究合作者会议.关于 21 世纪特殊教育的理想状态(最终报告).文部科学省,2001.

[18] 美国精神医学会.DSM−Ⅳ.高桥三郎,大野裕,染矢俊幸译,医学书院,1995.

[19] C. Madigan & A. Ellwood.名人的孩提时代.京兼玲子译,文春文库,2001.

[20] 山口薰.对学习障碍与学习困难在教育方面的对策.文教资料协会,2000.

后　记

作者是在 20 世纪 60 年代末知道学习障碍这一词汇的。当时,作者和伊利诺斯大学的塞缪尔·科克教授有过一次见面的机会,那时他是日本战后特殊教育的核心指导者——作者的恩师三木安正教授的密友,不仅作为智力障碍儿童早期教育的倡导者闻名遐迩,同时,他作为美国学习障碍的命名者也是众所周知。

作者发表了科克博士关于学习障碍的基本概念的论文之后,又翻译了著作 *Psycholinguistic Learning Disabilities*,将书中的 LD 翻译成了"学习能力障碍"。1974 年,出版了《运用 ITPA 对学习能力障碍的诊断和治疗》,三木安正,上野一彦,越智启子译,日本文化科学社。

20 世纪 60 年代末期,三木教授一边在东京大学执教,一边创办了教育研究基地——旭出学园教育研究所,作者在三木教授的门下做研究生,在旭出学园从事对发展迟缓的孩子的研究工作。就在这时,作者对由科克博士的新理念制订的认知发展检查"ITPA"产生了兴趣,在将它制成日语版时得到了茶之水女

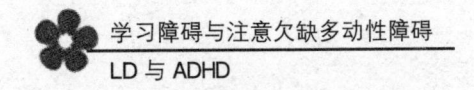

子大学的田口恒夫教授等人的协助，并且将这项工作在研究所推广。

作者与 ITPA 结下缘分，与日本轻微脑功能失调研究的先驱者——东京大学的铃木昌树教授能够认识也有一段令人难以忘怀的回忆。在此之后的 1973 年，作者承蒙小儿神经学的濑川昌也教授的厚意，在位于日本铁路中央线，御茶之水火车站前濑川教授举办的对疑似学习障碍的孩子们的训练中，对孩子们进行正规的心理检查，获得指导的机会，那一年正好是作者担任东京大学助手一职的时候。

于是，作者一直希望和确诊为学习障碍的孩子接触的机会终于增多了。不过，这时对日本学习障碍的研究还正是处于"点"的时代，只有在少数专家之间有"线"的联系。

1975 年，作者到东京学艺大学就任讲师。因此作者将学习障碍儿童临床指导的场所转移到了大学里，将平时指导空挡的星期六定为指导日，把指导教室定为"周六教室"，就此开始了指导。此后，作者得到了三木教授的许可，在最先研究学习障碍的旭出学园教育研究所也开设了对学习障碍的对外咨询和指导教室。

当时，作者为了了解来见面咨询的孩子们，经常出入孩子们所在的学校了解情况。不要说作者对班主任说明学习障碍的情况了，仅仅是说明学业不振和轻度智力障碍的区别班主任无论如何也不能理解，作者也不知道因为自己进展缓慢产生多少焦躁情绪，感到自己缺乏说服力。

后记

与教师相比,要让孩子的父母理解自己的孩子,准确地了解孩子的能力,很好地认可孩子的优点,唤回孩子们的自信,作者亲自开展对这些课题的研究,开始了与自己的学生和同行竭尽全力,在临床指导中寻找线索、积累经验的每一天。

当时,作者在NHK的教育电视——"孩子的发展咨询"栏目中,以学习障碍为主题的节目被采用和播放。关于收视率,暂且不谈电视台工作人员的担心,作者自己都真心对超乎预想的大量观众以及人们潜在的高需求大吃一惊。

随着作者和日本各地不断萌芽发展的学习障碍家长会开始接触,恰巧是作者自己开始身临其境地理解学习障碍,为了教育这些孩子经历了一番艰苦奋战的时候。作者与日本全国各地学习障碍家长会接触的机会逐渐增多,会经常从一些地区的家长那里接到打到研究室的咨询电话,回答家长们诸如"没有任何人能理解我们,我们该怎么办?"之类的电话。

在这样日复一日的辛劳中,作者意识到了两件事情。一件是典型的学习障碍的孩子在日本全国各地确实是存在的,另一件是为了给这些孩子带来崭新的教育支援,必须与家长齐心协力,启动行政干预。要是说家长的能量被激发后,为了学习障碍的启蒙教育,作者与家长们开始打响了冲破坚固的教育行政壁垒的战斗一点也不过分。

1990年2月,由读卖报主办的"学习障碍研讨会"的前一天,日本各地的呼声慢慢升高,作者无法忘记几个独自走来跟跟跄跄的学习障碍家长会的家长们为了成立全国的联络组织,那一天汇聚一堂热闹的场面。这次研讨会之后,沉重的教育行政的大门被打开了。

1990年召开了关于由普通班级指导的调查研究合作者会议,1992年在就"有关学习障碍以及与之类似的学习方面有困难的中小学生指导方法的调查研究合作者会议"上展开了真正的研讨,然后,1996年开始了会议中途总结与学习障碍巡回咨询事业,紧接着1999年7月出台了《对学习障碍儿童的指导(报告)》。

这一报告随着2000年新模范事业——学习障碍的判断与实况把握体制的开始而结出硕果。第二年即2001年,模范事业扩大了发展(在日本全国47个地方都有设点),然后,《关于21世纪特殊教育的理想状态(最终报告)》被采纳后,召开了有关特别支援教育理想状态的调查研究合作者会议,在会议上发表了《有关今后特别支援教育的理想状态》(2003年3月),这一报告成为改变日本传统的特殊教育,甚至可以说成为改变全体学校教育质量的契机。

2002年日本文部科学省实施并同年秋季发表的《有关学习障碍与注意欠缺多动性障碍的全国调查》成为实现日本"由康复训练转变到班级指导"的平台。这与2003年以后对学习障碍与注意欠缺多动性障碍等新模范事业的开展,特别支援学校、特别支援教室、特别支援教育监察员的设置等相联系。

这说明模范事业作为特别支援教育的主要事业,在日本全国各地实施的日子也为时不远了。作者现在认识到自己在这样的历史大洪流中漂泊至今。

后记

　　1992年秋,现今的日本学习障碍学会的前身——日本学习障碍研究会应该纪念的第一次大会召开了。那时,作者为了为期10个月的海外研究只为该大会准备了一半就赶赴美国了,没有赶上此次大会。该大会事务局局长下司昌一教授、第一次代理会长的长濑又男教授(已故)在给作者的信中提到他们努力促成大会召开,作者孤身一人在异国他乡,从收到信那天起就品味着这份喜悦,已历经十余载。在将日本学习障碍研究会正式更名为日本学习障碍学会的第三次大会中,长濑教授继任会长,承认日本学习障碍学会是日本学术会议的正式团体,决定由学校心理士与其他学会之间联合进行资格认定,进行学习障碍教育心理士的资格认定等。在这以后,一晃十年过去了,真的让作者感觉到十年恍如一日啊。

　　作者没有忘记学会成立时的初心,一直坚信懂得协调学术研究与专业实践的平衡是重要的。并且,作者认为,对于与学习障碍类似的各种类型的障碍,在努力探求其学术方面的差异的同时,有必要在学习障碍这一大伞下取得合作研究。这就是作者将此书的题目定为《LD与ADHD》的理由。

　　学习障碍改变了学校,也改变了教育。作者相信,学习障碍和注意欠缺多动性障碍的存在最终成为尊重每一个孩子的个性,尊重所有人的存在,变革社会的基石。并且,作者特此感谢一直以来很多支持作者前行的孩子、家长以及同仁。

2003年3月

译者后记

我与上野一彦教授的《LD 与 ADHD（学习障碍与注意欠缺多动性障碍）》这本书有缘。当年，我怀揣着从儿时起就萌生的想成为一名优秀教师的梦想，找到了佐贺大学文化教育学部的园田贵章教授，想在他门下就读学校教育专业，成为教育学硕士研究生。但是由于我在国内大学里学习的是日语专业，并没有相关教育学学习经历，园田教授无论如何也不肯收下我，我向园田教授争取了十分钟时间，阐述了自己的学习动机和目的后，教授拿出了上野一彦教授的《LD 与 ADHD（学习障碍与注意欠缺多动性障碍）》，让我一周内读完后来参加关于这本书的笔试，如果 100 分考到了 70 分才算及格，可以成为他门下的研究生预备生，再参加之后的佐贺大学研究生院研究生入学考试。结果，我笔试成绩考到了 75 分，此后顺利通过了佐贺大学研究生院研究生入学考试，从此在恩师园田教授的严格要求下，用最初的两年时间修完了日本教育学专业本科生的所有课程，后两年顺利修完研究生院学校教育专业所有课程，取得教育学硕士学位。

在佐贺大学 4 年期间，园田教授给予我很多很多学习和研

学习障碍与注意欠缺多动性障碍
LD 与 ADHD

究的机会,使我得以全方位学习、了解学习障碍与注意欠缺多动性障碍,并且参与这方面的共同研究。2006 年,我参加了日本久留米大学儿科与佐贺大学及佐贺久留米地区针对注意欠缺多动性障碍、学习障碍儿童的夏季训练项目。园田教授与久留米医科大学儿科的山下医生协商,让我负责学习中心的学习与行为改善方面的即时加分减分,即日本的教师根据评分细则口述加分减分并记录,我在白板上以直观曲线的方式加分减分,其余大约 5 个教师负责注意欠缺多动性障碍儿童的行为观察和记录,并有专人将严重违反评分规则的学生限时隔离(time out)。学习中心专门有一个教室角落用线画好区域,该区域给无法控制自身情绪和行为的注意欠缺多动性障碍儿童使用。在"隔离时间"内,会有一个教师及一个志愿者在边界线外观察该儿童行为并随时记录该儿童行为变化,如果该儿童在隔离时间内还是不能安静下来学习,中心负责人会根据具体情况进行教育手段干预,如行为控制,即一名教师从儿童背后伸出双手呈交叉状,迅速并适当用力抓住儿童的双手,将儿童的双手也呈交叉状握好并轻轻环抱住该儿童。如果教育手段仍然无法保证该儿童顺利在学习中心学习,久留米医科大儿科的医生会考虑酌情给该儿童用药。但是据说治疗注意欠缺多动性障碍药品的药效一般只有 4 个小时。

在学习中心里,我亲眼看到二十几个注意欠缺多动性障碍的儿童认真遵守学习规则,基本能做到该安静时安静,该与教师互动时互动,学习用品包括书包都能在训练后摆放整齐有序。

译者后记

在学习中心我亲眼看到、亲耳听到一个平时注意力不集中的小学女孩子先举手提问,老师示意可以发言后,她有些羞涩地问:"老师,那别的同学橡皮掉在地上了我给捡起来了,我会被扣分吗?"负责回答学生问题的老师微笑着说:"你可以先举手告诉老师,你就不会被扣分。"那个小女孩子很认真地点了点头。就在那孩子点头或问问题的一瞬间,在学习中心工作的老师及志愿者都会心地笑了。我当时就觉得能在学习中心帮忙真好!能见到这么些活泼好动又有很多闪光点的孩子在有秩序地认真学习、玩耍真的是很幸福。那个小女孩虽然有明显的注意力不集中现象,但是她的心地很善良。这些善良与关心他人的行为是我们中日两国普通基础教育下的孩子们应该学习和具备的。

在学习中心帮忙之外,园田教授还和总负责的山下医生打好招呼,让我在分内的工作做好的情况下,去运动场及计算机学习中心去学习。在运动场,我亲眼见到一个冲动症状很明显的小学男孩子因为自己的行为总是触犯规则被扣分扣到负几千分而大发雷霆,就算被限时隔离了,还老想逃出画好的圈子,他一直在用他自己的方式反抗着。由于我离这个小男孩比较近,我听到他一直在拼尽全身力气大叫:"我要回家!放我回家!我最讨厌你们这里了!我最讨厌你们了!我要回家……"我心里觉得有些发紧,但又觉得这个小男孩很可爱,很像《西游记》里的孙悟空,明明已经被学习中心的老师念了紧箍咒,明明自己不想被扣分,可是因为觉得这样被罚出局很没面子,再加上确实无法靠自己的力量控制自己的行为,他也只能通过大喊大叫来宣泄自

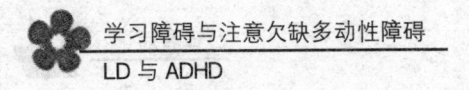

己的情绪。我还清楚地记得这个"小孙悟空"喊到最后,脸上都是鼻涕和眼泪,他喊叫的内容也发生了变化:"我要回家洗澡!"多么可爱而又特别的孩子!负责限时隔离期间身体拘束的老师一直在用合适的力度从他背后环抱着他,我能看到这个负责行为控制的老师不想让这个小男孩太受拘束,尽可能地让他舒服些。小男孩大喊大叫时这位老师面部表情很复杂,脸上的不忍只能靠一个特殊教育工作者的理智来自行控制。作为一个中国在读研究生,我为奋斗在日本特殊教育一线的老师的敬业精神深深折服。我想做一名优秀教师的理想也愈发坚定!这一切都得感谢我在日本的恩师园田教授!

2006年,我参加佐贺县立大和养护学校PTA主办的"志愿者培养讲座"及该校针对自闭症儿童的志愿者活动。2007年,我出席日本LD学会第16次大会。在此次大会的主会场——横滨市开港纪念馆的大厅里,我邂逅了上野一彦教授,有幸与上野教授简单交流,当上野教授问到中国的学习障碍教育现在进展如何时,我很惭愧祖国的学习障碍教育进展还很缓慢,上野教授看到了我的窘迫,很亲切地鼓励了我,并给了我一张名片。

同年,我学习并通过ROTARY青少年指导者培训项目。在日期间我多次参加ROTARY奖学金基金会及佐贺市政府在佐贺、长崎地区的国际交流活动。2006—2008年我参加了佐贺大学文化教育学部园田研究室针对ADHD·LD儿童的共同指导研究工作。

我每每阅读上野教授的书,心情都久久不能平静,心里洋溢

译者后记

着被阳光包围的温暖和深深的感动,一位现在已是74岁高龄的老人用他毕生的心血,满腔的热忱为日本学习障碍与注意欠缺多动性障碍的孩子们建立了一座用爱和梦想搭建的城堡。在这座城堡里有对人性的尊重,对个性的爱护,对孩子学习方面存在的困难的理解和支援,还有从事特别支援教师的爱心,不懈的努力和高超的教育技术和手段。也许,正是因为我们没有这类孩子们具有的学习困难,和周围人不一样的行为特征以及因此带来的遭遇,所以可能我们无法完全体会他们与生俱来的痛苦,他们的家人的艰辛和不易。上野教授在书中提到,这个社会是残酷的,要想让这些孩子们将来顶天立地地活在这个世上,需要培养他们自立、自信等各方面的能力。当我看到书中记载的有那么多学习障碍和注意欠缺多动性障碍的孩子得到了恰当的教育,长大成人后施展了他们的才华,活跃在了历史的舞台,我深深地为爱与教育的力量折服了。阿尔巴特·爱因斯坦、托马斯·爱迪生、奥古斯特·罗丹、莱昂纳多·达·芬奇、巴勃罗·毕加索、萨尔瓦多·达利、丘吉尔首相、黑柳彻子、汤姆·布鲁斯、罗宾·威廉姆斯、乌比·戈德堡等人都在各行各业取得了卓越成就,享誉世界。被推测为学习障碍或注意欠缺多动性障碍人士,他们好像一颗颗耀眼的明星,闪烁着他们独特的光芒。这些明星指引着与他们有相似困难的孩子们坚定地、昂首阔步地行走在人生的旅途上。

谨以此书奉献给那些虽然在学习和生活中有着特殊困难,但是又在无畏地挑战自己,坚持不懈地与困难搏斗,自立、自强,

学习障碍与注意欠缺多动性障碍
LD 与 ADHD

追着太阳奔跑的孩子们,爱着他们的亲人们以及他们的指导教师们!

感谢为了译本能够顺利出版付出爱心和辛劳的教育界人士和出版社的朋友!特别感谢日本国原日本 LD 学会会长、东京学艺大学副校长、现东京大学名誉教授上野一彦先生,原佐贺大学文化教育学部的园田贵章教授!感谢无锡市教育科学研究院科研员黄树生博士为了本书所付出的爱心和辛劳!希望此书出版后,能有更多教育界、医学界以及社会各界的爱心人士能够关注学习障碍和注意欠缺多动性障碍的孩子们,为他们寻找一片可以施展才华和能力,自由飞翔的天空!希望祖国的 LD 元年早日到来!

译者　达庆红

2017 年 4 月

图书在版编目(CIP)数据

学习障碍与注意欠缺多动性障碍／（日）上野一彦著；达庆红译． －－ 南京：南京大学出版社，2017.6
　ISBN 978-7-305-18906-7

　Ⅰ. ①学… Ⅱ. ①上… ②达… Ⅲ. ①儿童－学习障碍－研究②儿童多动症－研究 Ⅳ. ①G442②R748

中国版本图书馆 CIP 数据核字(2017)第 153531 号

LD（学習障害）とADHD（注意欠陥多動性障害）
© 上野一彦
Simplified Chinese copyright © 2017 by Nanjing University Press
All rights reserved.

江苏省版权局著作权合同登记　图字：10-2017-103 号

出版发行	南京大学出版社		
社　　址	南京市汉口路22号	邮　编	210093
出 版 人	金鑫荣		

书　　名	学习障碍与注意欠缺多动性障碍		
著　　者	（日）上野一彦		
译　　者	达庆红		
责任编辑	沈　洁	编辑热线	025-83593962
照　　排	南京南琳图文制作有限公司		
印　　刷	南京大众新科技印刷有限公司		
开　　本	880×1230　1/32　印张 5.5　字数 105 千		
版　　次	2017年6月第1版　2017年6月第1次印刷		
ISBN 978-7-305-18906-7			
定　　价	28.00 元		

网址：http://www.njupco.com
官方微博：http://weibo.com/njupco
官方微信号：njupress
销售咨询热线：(025) 83594756

* 版权所有，侵权必究
* 凡购买南大版图书，如有印装质量问题，请与所购
　图书销售部门联系调换